A His
Forgotten

The story of the Volga Germans and Their Migration from Germany to the Plains of Kansas.

(Story told in both English & German)

By Mikel Dreiling

Outskirts Press, Inc
Denver, Colorado

A History Almost Forgotten
The Story of the Volga Germans and Their Migration from Germany to the Plains of Kansas
All Rights Reserved.
Copyright © 2007-2009 Mikel Dreiling
V3.0

Cover Photo © 2009 Mikel Dreiling All rights reserved - used with permission.

Outskirts Press, Inc.
http://www.outskirtspress.com

ISBN: 978-1-4327-3437-4

Outskirts Press and the "OP" logo are trademarks belonging to Outskirts Press, Inc.

PRINTED IN THE UNITED STATES OF AMERICA

For Dad

Table of Contents

Dedication

He was an old fashioned man, a child of the 20th century and a survivor of the Great Depression. He pondered the fact of suffering and fantastic achievements. It is not random and it is not simply an accident. It is in fact, unavoidable. Suffering gives us a point in time in which to go beyond ourselves. With suffering comes the opportunity for goodness in the one who suffers.

His sympathies and background were with common people, the working man; because that is who he was. He worked with his hands his entire life. He hummed when he was in a good mood, and he especially like to hum while he worked.

He loved the taste of good food, the scent of horses, and being a carpenter. His work was the same whether he was being paid for it or not because it was a reflection of who he was. Carpenters make things with their hands and they appreciate being able to touch the result of their labor; smelling the cut wood and feeling the smooth finish. He took a solemn pride in what he created.

His death caused me to think about dying, about living, and about life altogether. When he died, it gave me a clue as to how much it all cost him and what he felt. He referred in his last years of his life to how he experienced life each day. He said something very true about life on earth and it is worth more than gold and diamonds. He said he knew how much you're supposed to enjoy every sandwich; how wonderful and delicious the smallest parts of daily life are. "I'm lucky to be here", he said.

Something that's funny now that he's gone. I don't see him as he was before he died, or even a decade ago. I see him as the father I knew growing up, teaching me without words, possessing a silent power that made me feel safe. His hand was strong but it was not without love.

And now when I think of friends and family, those that I love and especially him, I am reminded of a gift dad gave me; the example of his life and the way he lived. I cannot pretend he was a perfect father, nor was he a perfect man. But he was a man with as strong a character as any person I've ever known or read about.

This book is dedicated to my father Norman Joseph Dreiling, who came into this world on the 5th of March, 1931, and departed from it October 28th, 2004.

The people in this book whose story I tell possess an unyielding spirit, one of will and determination. They suffered setbacks but not failures. I have seen this same spirit in their descendants, my grandmother, my aunts and uncles, and my father. Their lives have been a light to me, a source of inspiration in my darkest hours. And the wonder of it all is that they've done this without even knowing; just simply living their lives the best they knew how. I wish to thank all those that have given me the strength to become the person I am today.

Dedication by his sons,
John & Mikel Dreiling

"Not only are we sad that we have lost him, but we were thankful that we have had him."

- common German tribute

Introduction

"History belongs to him who preserves what he has been given, to him who looks back from whence he has come, to where he came into being with love and loyalty; and with reverence gives thanks for his existence. He tends with care to that which has existed from of old and preserves it for those who shall come into existence after him, and thus he serves life."

- Friedrich Nietzsche

I wish to tell you a story of a living history that spans across 3 continents and more than 200 years. It begins in the 18th century and continues five generations later into the 21st. It is a story that is only a footnote in the pages of history, and yet there is something about it that's worth remembering. Historians say that there is something to be learned from those that have gone before us, and so it is with these people. It chronicles a paradigm that was inherent in the German culture; following them to the steppes of Russia, and eventually ending up on the plains of western Kansas. Their lives were simple but not easy. Life at the close of the "Seven Years War" caused people in the south eastern parts of Germany to look elsewhere for a more promising future. It meant giving up everything that they were familiar with on a chance for a better life, in a far away place different from anything they could have imagined.

The Volga Germans, also known as the German-Russians, arrived here in the United States in April 1876. Despite being called "German-Russians", there was hardly anything "Russian" about them.

After living in Russia for 100 years they picked up a few customs and words but they still cooked and ate like Germans, sang German songs and told German stories, just the same as they had done in Germany a century ago. As far as they were concerned, nothing had changed.

Their culture, values, and time spent in Russia would suit them for the climate and the struggles they would experience on the Kansas plains. The family social structure seemed to fit the need of a people that would work the vast acreage of the plains. Their frugality and love of work also fitted them for the challenges that this new land would throw at them.

A strong characteristic of these immigrants was family loyalty, and it was a characteristic which helped them to succeed in the face of overwhelming odds. They were clannish and refused to give up their native dialect. As a result, the Germans were slow to integrate with the English, taking almost 70 years. The patriarchal system and strong family unit has, for the most part, still been preserved even until today, 4 generations later; a generation to which I belong.

The settlers mastered the techniques of farming rather quickly in the new country, even branching out into business and professions after the 1st generation.

One of the strongest characteristics of this people and their descendants is their abiding faith. There was nothing ever half-hearted about this people. Work and the performance of religious duties were the most important obligations they had. Celebrations were important too as they involved family time spent together. Music, story telling and eating together were but a few simple pleasures that offered a short reprieve from the day to day struggles these people endured. The work day began at dawn and lasted until dusk. This kind of work required as many hands as possible which equated into big families.

The hard economic facts of life without a doubt determined how much education a person would receive. Formal education consisted of learning to read and write. Seldom a person would be fortunate enough to venture out from the village and study at a college or University, as that would mean the rest of the family would have to pick up the slack of one less farm hand.

Just after the turn of the century, war broke out in Europe and a wave of anti-German sentiment surfaced here in the United States, causing many to abandon there native language so as not to appear too German. A number of German descendants however, joined the Armed Forces, showing their loyalty to their new home.

A couple of decades later, America once again found herself in another World War fighting against Germany; this time one third of the American Expeditionary Forces were of German descent. They returned to Germany to fight the Wehrmacht on the same ground that their forebears had come 170 years earlier. Many still spoke German but they were from America now. This must have seemed strange for both sides, possibly similar to how some of the soldiers felt during the American Civil War when brother fought against brother.

The story of the "German-Russians" has been told in a few other books, but I have used *Conquering the Wind*, written by Angela Dreiling and Amy Brungardt as a main source of reference for much of the historical record in this book. Many of the same points will be touched on so as to maintain historical accuracy, but my story will take a turn down a specific road that talks about a particular family of these descendants, the Dreilings'.

The cultural values that sustained my ancestors for more than 500 years are still very relevant today. I am amazed when I think about the life and hardships these people lived through. The mortality rate at birth was high, medicine was still medieval, and there was no such thought as social security or welfare. Work was hard and long, and it paid little. If a man had healthy children that he saw grow to maturity, he was fortunate. If this cycle continued without much tragedy, then life was considered a success. Terms such as "a day off" or "calling in sick" were unheard of. To hear a phrase like that would have been perplexing.

Little had changed in the way of technology and inventions. The main source of transportation was thousands of years old with nothing new on the horizon. My Grandmother, who was born in 1911, has seen technology evolve from the horse and wagon, to a man landing on the moon, and everything in between. In spite of all the things they didn't have, they overcame their struggles and eventually flourished in most of the endeavors they pursued. They possessed a character comprised of timeless values that simply would not allow them to fail.

It is an honor and privilege to tell the story of the 1875-78 immigrants of which my family are descendants. To better understand the reasons for which these people left Germany, I must begin the story there.

Chapter 1

Prussia and Fredrick's wars

Before the 1700's, Germany was a conglomeration of diverse principalities and kingdoms. All of these were part of the Holy Roman Empire headed by an Emperor elected by 7 to 8 of the most powerful princes called "Electors".

In 1701 Fredrick III, Elector of Brandenburg and Duke of Prussia, changed his title to Fredrick I, King of Prussia. His son, Fredrick William I, who ruled from 1713 to 1740, strengthened Prussia by carefully managing his economic resources and building up an efficient army. The weapons and resources accumulated by him were left to his son Fredrick II, who would become known as Fredrick the Great.

Fredrick William was a strict father, and wouldn't except anything less than a military leader for a son. Kleine Fritz, (little Fred) was tutored by his father's army officers and by the age of 7, Kleine Fritz had his own regiment that he drilled and practiced with. It is with little surprise that his motto became; "Audace, audace, tojours audace" (Audacious, audacious, always audacious). It was only a matter of time before he would transform Prussia into a European power, beginning by wresting territory and prestige away from Austria.

In 1740 Emperor Charles VI died, leaving his

daughter Maria Theresa as his successor to rule over the Austrian territories. Fredrick sought to take advantage of the new and inexperienced ruler, but to his surprise, she turned out to be more formidable than he expected.

Fredrick seized the Austrian province of Silesia, which precipitated the "War of Austrian Succession", which lasted until 1748. This became a European war that involved the other German states. France and Britain became involved as well. Fredrick won the province of Silesia for Prussia but sewed the seeds for another conflict.

1756 marked the year that the much more destructive "Seven Years War" began. Several nations came to the aid of Austria and almost defeated the redoubtable Fredrick. Among Austria's allies in this war was Russia, for the first time she was actively interfering in the affairs of Western Europe.

Russia at the beginning of the 18th century was still a primitive agricultural land, and vast majorities of the population were ignorant, illiterate peasants living in serfdom, their lives not much better than cattle.

A new ruler arrived on the scene that would be one of Russia's most remembered monarchs in its history. Peter the Great came to power determined to change his backward country. He had visited Western Europe, the skills of the workers and craftsmen there left a very strong impression on him. So inspired was he, that he invited these craftsmen to Russia to teach their trade to his countrymen. Peter had a masterful vision for improving his country and the lives of its citizens. He sought to end the isolation of Russia and stimulate economic growth. His plan was to open a "window" to the west; he built a city on the coast of the Baltic and initiated intermarriage between Russian royalty and the nobility of Germany.

All of Peter's efforts had little permanent effect, when he died in 1725 little had changed. His immediate successors did not have the same vision or ability to continue his progressive policies that he had begun.

Peter's daughter, Empress Elizabeth ascended the throne in 1741, and she renewed contacts with the West but little would actually change under her. She was childless and because of this Elizabeth decided to bring to Russia, her nephew Peter, the "Duchy of Holstein". He was the son of her sister Anne and was to be heir to the throne.

In 1744 Elizabeth found a wife for him in Germany, Princess of Anhalt-Zerbst, Sophia Augusta Frederica. When Sophia was baptized into the Orthodox Church, she took the name of Catherine II. When Elizabeth died in 1762, her nephew Peter ascended the throne as Peter III, however within a few months he was assassinated at the behest of his wife Catherine.

In the last years of Elizabeth's rule, Russia was involved in the affairs of Western Europe. She came to the aid of Austria in the "Seven Years War" against Prussia. When she died in 1762, her nephew Peter, a fervent admirer of Fredrick the Great, withdrew his troops from the war. This, without a doubt, saved Fredrick from defeat which seemed imminent at the time. A year later Fredrick's other enemies were tired of war and signed peace treaties, which made Prussia a leading power in Western Europe.

The wars of Fredrick the Great involved almost all of the German states, either directly or indirectly. Trade and agriculture were severely disrupted, which left Germany in a state of disrepair. The long years of war left in its wake massive unemployment and extreme poverty. Fredrick took active measures to rebuild the economy in Germany but his policies had little effect outside of Prussia. The small towns and principalities in southern Germany were particularly neglected. It was from this area mainly that emigrants went to Russia in the years following the Seven Years War.

Chapter 2

Catherine the Great

Sometime between April 21 and May 2, 1729, in a little gray stone house at number 1 in the Grosse Domstrasse in Stettin, a princess was born. She was the daughter of Prince Christian August of Anhalt-Zerbst. The father worshipped her while the mother, who expected an heir, didn't bother much about her. She was given the name Sophia Augusta Frederica but they called her Fike.

When Fike was quite young, her father was made Governor of Stettin and her mother became more involved with social affairs, not leaving much time for the little princess.

She was provided a tutor but was left alone most of the time, often feeling alone. It is said that little Sophia started thinking about marriage when she was seven. On February 9th, 1744, at the age of about 15, Sophia and some of the other princesses were invited to Russia to possibly be betrothed to the Russian royalty. She was chosen to be the wife of the Grand Duke of Russia, Peter.

On June 28th, 1744, Sophia Augusta Frederica was received into the Greek Orthodox Church and given the name Catherine. She was married August 21st, 1744. On December 25th, 1761, Empress Elizabeth Petrovna died after 21 years of rule and the Grand Duke

5

of Russia Peter ascended the throne as Peter III. His reign lasted only a few months as Catherine started a revolution and on June 28th, 1762, declared herself the ruler of Russia. Catherine II was intelligent, ambitious, willful and amoral. She was the most arresting personality since Peter the Great.

Catherine knew that public relations were important and she cared deeply that the rulers of the West thought well of her and the state of Russia under her rule. Catherine II wanted to make her reign an outstanding one, and make Russia an open door of unlimited possibilities.

She conceived an idea to populate her eastern borders. To achieve this, she decided to invite immigrants into Russia to develop the region and serve as a wall on the eastern frontier against marauders.

The Empress was herself a German, and preferred to invite immigrants of German descent, who by their neatness were to set examples for the careless and slovenly Russian peasants.

She had to come up with a plan and once she felt secure as the reigning monarch of Russia, she wasted no time putting her plan into effect. She hired experts to survey her eastern frontier for the possibility of farming the Steppes for trade and profit. Anxious to see her plans become a reality, Catherine hastened a call to the West on December 4th, 1762, inviting all nationalities except Jews to come to Russia.

She drafted a manifesto and sent pamphlets containing her alluring promises, but to her surprise, no one really answered the call. The land was filled with unrest but there was a war in progress and most of the men were away in the army. If the people had been willing to respond, they were not really in a position to do so. Her manifesto also failed because it lacked assurance that life under Catherine would be any better. Catherine was very determined to see her vision through and she drew up a second manifesto, this time with more specific and alluring promises.

The carnage of the Seven Years War was over but it left a spirit of futility and grim depression as a legacy. The land was impoverished by war making it almost impossible to farm. As a result, Europe was in an economic crisis. Men home from the war found their families simply exhausted and worn out from hunger and disease.

The German people were weary and discouraged, ready for a chance to improve their miserable lives. Catherine's second manifesto appeared July 22nd, 1763, and this time not without results.

It read as follows:

1. All people of foreign countries were invited to Russia to settle wherever they pleased. They had the right to pursue their old professions or occupations.
2. They were guaranteed freedom of religion; the right to build churches and schools, priests and ministers to guide their spiritual and intellectual life.
3. All those without means would be provided

such for travel expenses until they reached their destination in Russia.

4. Anyone who needed money for livelihood and to establish their homes would be lent money without interest by the crown. This was however, to be paid back in 10 years in 3 installments.

5. All those who settled on the Volga River were to be exempt from taxes for 30 years. All other settlements were either 5 or 10 year exemptions.

6. All who settled on the lower Volga had the right to form their own government as long as they submitted to the prevailing form of civil law.

7. All settlers with money were not to be taxed if they used the money to establish themselves.

8. All male immigrants were to be exempt from military or civil duty indefinitely. If they volunteered to enlist however, they would receive a bonus of 30 rubles.

9. In the interest of encouraging the establishment of businesses and industries, these were to be tax and toll free for 10 years, with the right to sell their goods abroad.

10. All immigrants were free to leave Russia at anytime, however they were required to pay taxes on all of their effects.

The manifesto was printed and dispatched throughout Europe, lifting the spirits of the people.

The promises were almost beyond belief; exemption from military service would have been enough by itself for most to make the journey. It was read by groups in the streets, at meetings, and in the homes. All classes showed an interest; nobility, freeholders, artisans, craftsmen, officers and soldiers, doctors, students, as well as vagabonds and criminals.

This was the first exodus of the German migration, the most dramatic episode in Europe at that time. Soon the great lands of the Volga would be flooded with the tough and courageous settlers looking to start a new life. A hundred years later another migration would take place, ending up in Ellis County, Kansas.

Chapter 3

Let's go to Russia...

The Seven Years War ended accomplishing little more than prestige for Prussia. In the long term the new land would benefit Germany, but for the present it did not improve the day to day lives of the soldiers coming home, or those that were trying to farm what was left of the battle torn land. One thing was for sure, the people were ready for a change, especially one that they might have a say in. This new hope was a chance to break free of the social chains that bound a man to his father's trade. It meant an opportunity for a man to grow beyond what previously was impossible. For some it was an adventure, and for others, a dream; a dream which would continue to spread across Europe eventually leading to the land of freedom...America.

It was shrewd of Catherine to offer the settlers their own villages. There is within us, a primordial instinct that tells us to cling to our own kind, especially when were in a strange place among people different than ourselves. There is a security in the familiar pangs of hardship when you are around others that are like you, and speak like you.

The villages would be German, the language spoken would be German, and the religion a matter of choice as well.

Catherine hired commissioners to help with the logistics of the migration, to help the settlers find their destinations, supplying them with food and shelter along the way. Leaders were chosen to help organize the new colonies for the trip, remaining in positions of leadership after their villages were built. One of these leaders was Thomas Weigele - Doctor Thomas Weigele. He was a stocky man in his 30's and had known little of life outside of his military service. He had served all through the war and was ready to start a new life. Thomas Weigele met some commissioners at Regensburg, a prominent Bavarian province where he signed a contract with the commissioners to leave for Russia as soon as transportation could be provided.

There were several accents in Regensburg; the soft musical Bavarian; the bumbling Hessian; the sharp and exact Prussian, and of course, the deep gutturals of the Black Forest.

Doctor Weigele made his way across Bavaria to Frankfurt to see his relatives and childhood friends for the last time. Taking a stage was for the rich, and besides, there was a certain pleasure to be had in walking. He could soak up the fragrance of the pine forests and the single-trunked birches as he marched along the stony white road. The land itself is important and beloved to a German: Thomas Weigele was saying goodbye to his home.

It is about 500 miles from Frankfurt to Lübeck. Infantry in good condition could march it in 20 days if they did not have to forage for food along the way.

It took the new colony 60 days. They had to forage for food along the way and the group consisted of men, women, and children with varying degrees of health.

This group came from Hesse, the Rhineland, and Palatinate, (modern states of Wuerttemburg, Baden, and portions of lower Bavaria). Some had come from the Black Forest and Alsace as well.

Now that they were actually on the move, they were directing their own destiny. They were marching into the future in a sense. They traveled through such towns as Marburg, Kassel, Goettigen, and Hildesheim. Once Lübeck and Danzig were reached, the Russian ships were waiting to take them across the Baltic Sea; the end of the beginning, the beginning of the future.

When they arrived at the ports of embarkation, there were no ships, just barracks. Wooden barracks that had been hastily constructed by the Russians meant to house them for the winter. They were too late, it was September and ice was beginning to form on the Russian rivers, so they were told. They would have to winter there and what the overcrowded barracks would be like come spring was a question many had on their minds.

Dr. Weigele and the rest of the party must have wondered if they'd made the right decision, about to cross a point of no return in a manner of speaking. Two hundred and fifty couples married that winter there and more than two hundred and fifty babies were born, the last to be born on German soil. A marriage record that stands to this day in the register of St. Peter's Evangelical Church in Lübeck, is that of Dr. Weigele.

As winter set in, many of the settlers almost froze to death. Some contracted diseases and died anyway. Marriages were performed, newborns were baptized and funerals conducted. Life went on in a microcosm.

The immigrants were vulnerable to the propaganda that they had been told. Russia was supposed to be the land of "milk and honey". The weather was mild and the soil fertile for farming, so they believed. The merchants in the port cities had plenty of time to relieve the newcomers of their surplus of goods and small hoard of money.

Finally, in April of 1766, the first group was allowed to sail to the promise land; among these were Frank Dreiling I and his wife Barbara. Each person received "Butter geld" (butter money) just before boarding the ship, 16 shillings. That was about two dollars and twenty-five cents. The food served for the duration of the trip consisted of, bread, biscuits, pickled meat, wine and brandy.

Sometimes the ships were delayed by the strong winds of the Baltic, taking about eleven days from Lübeck to Kronstadt, Russia. However, some of the captains, (who were either Hanseatic or English), were thought to have turned the ships around at night to extend the voyage in order to sell more provisions at inflated prices.

After the long and arduous sea voyage, the settlers landed in Kronstadt in the Gulf of Finland. They were met by bearded Russians with wagons, come to take them to the summer palace in Oranienbaum, where they would take an oath of fealty to the Crown of Imperial Russia.

The provision in the manifesto gave the people the right to pursue their own trade or profession, but a Russian official named Ivan Kuhlberg was there to persuade them to be farmers. Doctors were exempt but the rest were badgered into forsaking their profession. This was not part of the original idea, and in the minds of the newcomers, it was a surprise they were not expecting. In fact, this was just one of the surprises that the people would have to deal with.

Catherine was there at Oranienbaum to greet the immigrants in person. After they took the oath, they registered their trade or occupation of preference and their choice of residence. Many were too weary from the trip to argue their trade of choice and headed out to the Volga region right away to begin farming. Others stayed back as long as 6 weeks to insist on their rights to become what they wanted. It was no matter for most though, Ivan Kuhlberg threatened to have them whipped and sent off to the Volga anyhow.

The next stretch of the journey would be made on the water, sailing from Oranienbaum on the Neva River to its confluence with the Volkov. From there they sailed a little past Novgorod, where they took their boats out of water and went on land. They traveled in wagons and sleds to Tver, Torzhok, and

Kostroma. Soldiers accompanied the immigrants, not allowing them to discuss any controversial subjects. They would always answer the immigrants with favorable answers in order to avoid discontent.

When they arrived in Kostroma they were divided up among the Russian peasants, who were to share their homes with the newcomers. The Germans were introduced to a new custom in Russia, the sheep, cows, and chickens were brought into the house; this was simply amazing to them. Their quarters were very small, and sharing their shelter with another family and the animals too was quite a lot to accept. The food was unfamiliar, the animals smelled, and the strange language made this period a nightmare.

Their diet consisted mostly of cabbage soup and millet porridge, and a drink called Kwass, made of fermented rye or barley with warm water poured over it.

In these kinds of conditions the opportunity for a disease was ripe and ready. An epidemic broke out and Doctor Weigele worked day and night attending to the sick. He fell ill along with his wife and they both succumbed to the disease. The left a son named Thomas II, only a few months old at the time, who eventually was adopted by an elderly couple.

They were finally here, and the reality could not have been farther removed from what they had imagined. Some had come to farm, but it looked as if they all would have to learn to farm, or not make it at all. The Volga was sparsely populated before they arrived, with only a few settlements and wandering tribes of Cossacks and Tartars. There were also small groups of Kalmucks roaming the banks of the Volga, all of these made their living by plundering the rich traffic on the River. The settlers were about to begin a new life.

Chapter 4

So far from Home...

As spring came the breezes became warmer and the rivers began to thaw. The snow and ice vanished and the boats could once again move swiftly on the river. The settlers landed in Saratov on June 20, 1767, more than a year after they left Germany.

The region which was designated for the new settlements was about three day's journey from Saratov. The government designated an area of about 133 miles on the meadow side of the Volga with Kosakenstadt as the center village. On the hilly side about 66 miles were allotted west and south of Saratov. In addition, 26 miles north of Saratov was set aside for settlement. Each adult male could claim about 65 acres; this was to be their personal property. The government provided additional land for schools, churches, and factories.

Every married couple was required to plant twenty trees; on top of that they were required to plant six trees for every male child and four for each female newborn.

The villages were determined by religious faiths, meaning, they were to be separated by such so as to avoid religious dissension.

Catherine kept the new colonists under close supervision but they governed themselves. They had to obey all the civil laws however, they were exempt from Russian officials.

Each village had a communal government which consisted of elected officials; a mayor, two committee men, and a clerk. Their term was for two years and they were usually elderly and respected men. Their decisions were the law of the villages. The duties of this board included: the hiring of a teacher, providing churches, collection taxes, and administrating punishment for misdemeanors.

The mayor's duties were important and varied. He witnessed every business transaction, attended weddings, baptisms, and celebrations. He also settled arguments and rendered punishments, which were usually severe. If the streets were not kept free of debris in front a house, the owner may receive five to ten lashes with a whip.

The mayor received thirty rubles for his duties, (about seven dollars and fifty cents), and the crop from seven acres of land. He also received three stacks of hay from each 65 acre farmer.

One-eighth of the grain from two acres was taken for the poor.

The settlers had finally made it, they were really here. They were given land and provisions, tools and food allotments, but it was becoming clear that they may not have reached the much hoped for "Garden of Eden". On the contrary, Catherine's promises were a heartbreaking disappointment. It seemed as though the immigrants had traded one set of miserable circumstances for another. Their allotment of provisions was inadequate and late. Shelters had to be built before winter arrived and lumber was in very short supply, not nearly enough to build German-style homes.

The only shelters they could manage to build were that of the Russian peasants, simply, a dugout made down and inwards. The excavated earth was then placed along the perimeter. These had some obvious drawbacks: the dugout was dark and damp, and the accumulation of odors due to the lack of ventilation was unpleasant. In spite of this, it also had a couple of virtues; they were easy to construct and two-thirds of the dugout was well below the frost line, which meant that they were easily kept warm with minimal fuel. This above all was highly appreciated three months into a hard Russian winter.

The time spent building shelters cost the settlers a crop that first year and the winter of 1767 came early. They were confined to their holes for weeks at a time while winds and snow devils danced outside. The food allotments barely kept them from starving. The animals that made strange noises and gnawed at their doors were added to their meat rations.

It wasn't an easy time, the women often wept, but the men, regardless what they actually thought or felt, had to retain their composure. Their attitude and courage was the last line of defense in the hope the people had. If it were to give way, panic could spread causing the whole affair to fail and life to be lost. It is one thing to starve at home among familiar people and memories, it's quite another to starve in a strange new land in a foul smelling hole in the ground.

Spring finally arrived and it brought with it a new hope. Although the melting snow caused the Volga to flood and wash out most of the settlers from their dugouts, it did not matter much. They made it through the winter and that meant planting season was practically here. They had missed the first crop and this one was not going to be lost. As soon as the ground sufficiently thawed, they wasted no time breaking ground and planting.

The seeds were carefully examined for spoilage and the more experienced farmers went around to the neighboring villages, sharing advice and assistance. No one wanted to be caught short; the experience of last winter was still fresh in their minds and if they could help it, they were not going to have another one like it.

The government provided each family with the following: seed, (wheat, rye, and barley), two broken down horses, a hand made wooden plow, a sickle, hatchet, rake, wagon, and a cow. They were going to have to do the best they could with what they had, inadequate provisions, native ingenuity, and will.

It must be remembered that most of the settlers were not farmers. There were tailors, artisans, teachers, barbers, doctors, ex-military, and tradesmen; all were completely out of their element.

In time many villages sprang up on the meadow side and the hilly side of the Volga. At first the homes were primitive, but later actual houses were constructed. During zero weather the animals were kept inside with their owners, imitating the Russian peasants, whom they had severely criticized when they first arrived in Russia.

This was how the Volga Germans spent their first year in Russia. They had been on the receiving end of some of the most inhospitable weather Russia could throw at them, and they survived. They were stronger now and a certain satisfaction was present in their hearts and minds: it was the realization that they could make it through just about anything.

Chapter 5

Life of the Steppes...

The water of the Volga was crystal clear and the sweet-smelling hay emanating from the fertile soil of the Steppes looked like a veritable paradise. Appearances are sometimes deceiving; and this was one of them. The Volga lands were witness to human misery and blood-letting that is not much heard about in the west. The area around the villages was the roving ground for the savage tribes of raiding nomads, such as the Kirghiz and Tartars.

Most of the German villages were far enough away from the Russian forts that they could not be sufficiently protected or responded to in time if an attack occurred. The nomadic Kirghiz would swoop down into the towns unexpected and unannounced, and commit the usual atrocities of raping, murdering, and looting. They would murder everyone except the children that could be taken and sold into slavery. This occurred to more settlers than is talked about. Villages that suffered such attacks were Marienthal, Herzog, Schlasselwa, Graf, Rohleder, Reinhardt, Reinhalt, Caesersfeld, Urbach, and Schaefer. Schlasselwa was completely destroyed and unable to recover from the repeated raids; the few remaining survivors were absorbed into other villages.

Anton Schneider, a historian of the Volga was the first to make a record of the Kirghiz raids. Old Peter Dreiling, (grandson of Johann Dreiling III) of Herzog, Russia remembered seeing a manuscript of the raids when it was read to him as a boy. The story was made into a play and staged in 1926 in Hays, Kansas on the occasion of the "Golden Jubilee of the arrival of the Volga Germans in Kansas."

The settlers had their first good harvest in 1776, as more land was conquered by the plow. The non-farmers began to master the new vocation with the help of each other.

The settlers planted orchards and tobacco patches, a favorable crop that produced some good income as well as for personal consumption. A vegetable garden provided a nice table in the summer and with the surplus to be dried and preserved for the winter. Sunflower seeds were very important as they were crushed for oil extraction for cooking oil and roasted as a delicacy in the winter.

Each village had communal wells usually set on a corner lot, but as time went by, more and more dug their own on their own property.

The daily diet of the immigrants might seem slightly meager by today's standards. A typical breakfast would consist of milk, a substitute type of coffee made from wheat, some bread and a bowl of syrup made from watermelon juice.

In the wintertime the main meal usually was eaten around four o'clock in the afternoon. It was custom to eat only two meals because the days were so short.

The women cooked heavy dumplings, pork, sauerkraut, and mashed potatoes. A dessert favorite was stewed apples which had been dried during the summer months. There was always pickled watermelon and cucumbers to go with the meal as well.

After supper, the family would retire to the main living room where the women would perhaps sew, knit, or crochet. They were very skilled at their work making jackets, coats, trousers, and blankets. A typical heavy coat was made of wool with fur on the lapels and collars. The men wore homemade cotton pants with a Russian style blouse hanging loose and the women wore full skirts with their blouses hanging down about four inches past their waist lines. The men on the other hand, would talk about what they did that day and what needed to be done the following. They played cards and smoked their pipes and if needed, one might repair a boot or a pair of shoes. The father of the household often read a story of a saint's life from the "Lengende Der Heiligen". It was however, a time to relax for a couple short hours.

The family structure was much different then in comparison to today, and especially different from anything here in the west. The family was organized under the "Patriarchal System". This system was based on economics. It was simply more profitable to work together. The eldest Mother and Father of a household were in charge and that was never up for debate or question. A household would consist of the sons and their wives and of course any children of those couples. The Father of the household would delegate work and responsibilities to the sons and the mother would do the same with the daughters. This was a German custom that followed them all the way to the United States a century later and lasted until after World War I. That custom was seen less and less afterwards.

In this century laundry for most of us is a matter of dropping some clothes in a washing machine, adding some detergent, and then walking away. Not so for the settlers of the 18th and 19th centuries. Laundry was much more labor intensive; the soiled clothes were scrubbed with washboards, rinsed in the river, and then boiled in a kettle. In the winter, the laundry was piled on the sled and taken down to the river. The ice was then broken with an ax and the soiled clothes dipped and pulled out, scrubbed by hand. After this they were of course, boiled in the kettle that was brought with them. When they reached the house they were hung up to dry next to the brick stove.

Work during harvest was a little different. The family packed up supplies which included kegs of water, food, and a few tents in the wagon, and headed to the wheat fields which may be as far as fifteen miles away from the village. The settlers would live at the fields the entire duration of harvest in the tents, only coming back to the village on the weekends and taking turns at that; someone always had to stay and watch the fields to protect against potential raids.

The perfect weather for harvest was hot and dry, with the people getting restless to get to the fields. The women wore full length skirts and head shawls to cover their heads from the blistering sun.

The work day in the summer began in the dark, eating a light breakfast and then gathering the tools for the cutting. The men would cut the fields with a sickle and the women would come behind them and rake the wheat and tie it together in sheaves.

Lunch was served at nine in the morning and again at four in the afternoon with Kvass or water. After a short rest they went back to work until it was dark again. The work was hot, hard and precise; not one head of wheat or rye would be left standing. After the wheat was dried, the sheaves were made into shocks until they were completely dry. These bundles were hauled to the villages and the kernels were separated from the straw. The wheat and rye was trampled and raked into piles which were run through the wind by hand; the grain fell to the ground while the chaff blew away. The left over straw was tied into bundles and uses as fuel in the winter time. This chore was very slow and dirty, but it had to be done.

The grain was sacked and stored in three different portions; one for the whole year's surplus, another to be taken to market, and the last one to be stored in the granary and used for current needs.

Little traveling was done by the villagers. Once or twice a year a trip was made to Katharinenstadt or Saratov for supplies such as bean coffee and sugar, or maybe a new tool was on the list to inquire about. On special occasions like a wedding, they would pack up the entire clan. It was a time they all looked forward to because it meant being able to peruse through the stores, touching and handling the latest dress and fabrics. In the men's case perhaps a new tool that would make work easier and faster. It wasn't a guarantee but most likely, just about everyone would get something new. If the reason for the trip was a wedding, then the bride to be was getting a new dress or at least new material to make one, and the groom the same. It would be something that they would have the rest of their lives and they knew it was no small matter.

Weddings were a big event, not unlike today with the exception of some details. Typically, they used a wagon and painted and decorated it unless it was a winter wedding, in which case the sleigh would be used. A three horse team would be hitched up to the sleigh with the middle horse sporting a big round bow around the neck. The bow would be trimmed with ribbons and paper flowers and the harness was cleaned and polished with ribbons attached as well. Each horse had a small flower bouquet on the forehead.

After getting into the sleigh, the groom and his groomsmen started off for the bride's house, firing a few gunshots into the winter air to indicate that a celebration was at hand. When they arrived at her house, she would come outside accompanied with her bride's maids. The wedding party drove off to the church to exchange their vows. Afterwards, the newly wedded couple took a few laps down the street in the sleigh making toasts and again, firing gunshots into the air.

The celebration was continued back at the house of the groom's parents. All the tools were cleared from the barn in preparation for the wedding dinner with tables and food spread for all. Here they ate, drank, and sang many a song; soon the brandy would take effect and dancing became the entertainment of the occasion.

One of the songs they sang and danced to went like this:

Der Ehemann muss schaffen das Brot,
Der Haus und Hof nicht leiden Not,
Mus sorgen wohl für Weib und Kind,
Sonst tut er eine grausame Sünd.

Hei Dei Dolga
Fahren wir über die Wolga.

The groom must work for Bread,
To keep his house and court well fed,
He must provide for his wife and child,
Or else he commits a gruesome sin.

The celebration was a fantastic occasion and lasted two days, but all good things must come to an end and so the short break from their daily life was over.

Chapter 6

Faith and Medicine...

There was nothing more important in the lives of this people than their beliefs. Their faith in God was tested but not easily moved. Whether a village just suffered a raid or the recent harvest was bountiful causing a surplus, they worshipped the same. The first church bells rang at 8:oo am with a second round ringing fifteen minutes later, letting the villagers know that mass would begin soon. As is common today, they wore their Sunday best.

Not every village had a priest; often one priest would service several villages, possibly even seven or eight. He would make his rounds ministering at one village per week. Every village did have a school teacher and he would stand in for the priest and give the mass in place of the priest.

Service would begin with a song and then the Sunday gospel was read. The teacher would encourage the parishioners to practice brotherly love and conclude by giving thanks for the health of the people and the crops.

Because of the scarcity of priests, often the Lutheran ministers helped with the spiritual needs of the Catholic villages, the Catholics and the Lutherans got along very well.

Real doctors were few and far between. One

doctor may be the attending physician for several villages, as many as fifteen thousand people. Every village had a "bone-setter" though; a person who was especially deft with their fingers. They used their perception by touch to set dislocated and broken bones. A renowned bone-setter of Herzog, Russia, was Anna Maria Dreiling Riedel. She had an unusual ability to treat common ailments and set broken bones. She lent her services for miles around and later continued her work here in the United States.

A massage method was used to treat and soothe a tired and sore body. Often, mid-wives rubbed and stroked the abdomen of women to remedy disorders of the female organs. After birth, the mothers were confined to bed rest for several days, storing up strength for the task of caring for a newborn. Due to the shortage of doctors, the people had to rely on home remedies. In the event of an earache, a father would blow the smoke from his pipe into the ear, relieving the pain. This I remember my own mother doing to me when I was child and it worked. In the event of an aching tooth, well, there was nothing soothing or painless with this remedy. A pair of pliers was used to extract the bad tooth, and sometimes one or two good teeth would come with the bad one. It was not pleasant and it worked up a sweat for both involved.

The colonists were very isolated from the rest of the world and medicine; smallpox, typhus, and measles were often fatal. A family might have ten to fourteen children but only six to eight would grow to maturity. Death was no stranger to these people and the more the suffering, the more they clung to their faith.

Chapter 7

Searching for a Dream...

Life became progressively better for the settlers and between the years 1800 and 1874, their lives were somewhat comfortable. Most of the colonists had a moderate home with a farmyard, a good barn, an orchard, and some animals like sheep, pigs, cows and horses. Some even had a surplus of money which even today, always makes things a little easier.

Rich or poor, everybody took pride in what they did have. It was essential to keep things neat and orderly. For the women, their home was the shrine, the greatest pride and joy was in keeping it spotless.

The houses in the villages now were quite different compared to those of the first generations; white painted frame and brick houses situated in rows along the streets. They had well trimmed hedges around each farmyard with gates, some made of iron. Two story barns and sheds, orchards with rows of fruit trees; they were happy and content with hard work, of course, as hard work was their be-all and end-all. They loved life as it was because they never had it so good.

The Germans on the Volga were free from military service and they lived almost completely isolated. There was some Russian influence in their attire, but they retained their mother tongue and adhered to their German customs.

As the years went by the population of the settlers grew and the Russian government began to run out of land to give to the colonists. In time the subsidies decreased and the taxes increased which became the subject of much discussion. It looked as though life for the future generations would be anything but certain. Despite all of this, the frugal Germans forged ahead.

Catherine had granted favors and privileges to the Germans that her Russian subjects never were allowed to enjoy. Consequently, a spirit of independence was ever present among the Germans. These favors, especially exemption from military service, made them feel a little superior toward their Russian neighbors, and it caused resentment.

Their friend Catherine II was dead now and her successors were not very sympathetic toward the proud and stubborn Germans. On January 13th, 1874, Alexander II passed a law making it mandatory for the Germans to enlist in the Russian army. Unrest spread quickly throughout the colonies and the settlers began to look to the West in search of a new dream.

The final order for conscription came November 24th, 1874, and conscription was to begin immediately for men between the ages of sixteen and forty, and the minimum time to serve was six years; all of the time to be served without any furlough. This, to say the least, caused an uproar.

To this day there remains a controversy as to the

true meaning of the interpretation of "freedom from military service". There are 3 such interpretations: some read it to say that it means the freedom is perpetual, others say that it was to last 100 years, and still other say the "freedom" would last as long as the immigrants lived in Russia.

The Germans protested and Alexander II revised the law allowing them a ten year grace period to enlist into the Russian army. They were free to leave the country if they chose to do so with only one stipulation; each person must pay a ten percent tax on all property to the government before they could the country unhampered.

Obtaining the passport required that the persons solemnly swear that they paid all their debts and was under no summons of the law. This being affirmed by two-thirds of the parish, the application was then made to the government officials for a passport.

The idea of leaving the country was for most a foregone conclusion, the only thing left to decide was where to go. The colonists needed information about other countries but the way to do that really was to send a delegation abroad to investigate governments, climate, and the geography of the new lands.

Balthasar Brungardt and Peter Dreiling called for a meeting at Herzog in the spring of 1874, and they invited delegates from all of the colonies. About 3000 people attended the meeting and the discussion to immigrate to America began. Leaflets were read and explained, the majority was in favor to send delegates to the new land.

Five explorers were chosen: Nickolas Scham of Graf, Peter Leiker of Obermonjou, Joseph Ritter of Lucern; Peter Stoecklein of Zug, and Anton Wasinger of Schoenchen. The party left Katharinenstadt and traveled to Hamburg. Mr. Weinberg of the Hamburg-American ship line persuaded them to proceed directly to the United States.

They arrived at Castle Garden in New York in the summer of 1874. They were greeted by a Mr. Koelble, also employed by the same ship line. They stayed in New York for two days with a Mr. Schneider and then headed out for the Midwest. They traveled through Buffalo, Chicago, Omaha, and then Lincoln Nebraska. From Lincoln, they went to Sutton and surveyed the land.

After two days they returned to Russia taking with them a pound of soil, some prairie grass, paper money, and all sorts of literature. The reports were promising and the following year another trip was made by Jacob Bissing and Jacob Exner, this time traveling to Topeka, Kansas. They were not impressed with western Kansas and the negative report stifled the enthusiasm of the people a little.

It was a heart-rending decision for some to make; leaving what was familiar for the unknown or join the Russian army? In the end most of the colonists opted for going to America and for several years there was a steady stream of emigrants coming into Ellis Island. In 1876, a group of twenty-three families piled into their wagons and headed for Saratov.

Once there they left their wagons to those staying behind and boarded the train heading southwest through Russia and into Poland. From Warsaw, the train entered the land of their ancestors, winding its way through several small towns and forests. The people were taking it all in, viewing various rivers and scenery, and even a castle on the side of a hill nestled between some trees. They soon noticed a haze in the distance coming from Berlin, the capital of Bismarck's Germany. The passengers disembarked here at the Berlin train station to take a short rest from the trip and to check their tickets for the next part of the journey. With only a few hours to stretch and rest, they loaded back up on the train and headed north for Bremen.

There was still a good distance to go but the trip had become more interesting. The scenery through Germany gave the passengers a glimpse of landmarks to behold unlike the desolate steppes they had just traveled through. There were hills, rivers, castles and cathedrals with great towers; it was a source of admiration.

As the train neared the station in Bremen their spirits rose. They stopped over for three days and the rest was welcomed. When they stepped off the train, a crowd gathered around to observe this strange people that dressed oddly. They hardly spoke to anyone even though they understood the language.

They checked into a five story hotel. It was the biggest building that any of them had ever been in and it was difficult for them to find their way around. A meal with beer was served after they arrived and then most of them retired for the evening. They were tired from the trip but were also restless all night long thinking about the ocean they would soon have to cross.

In the morning most went to mass in a Catholic church near by, going to confession and taking communion. The stork was not idle either; a baby boy was born in Bremen.

On the last evening in Bremen the women washed and mended some clothes and the children were kept in so as to not get lost. The men however, went to the nearest tavern for a little beer and song to take the edge off. That evening a man from the steam ship company came to the hotel to inform the leader of the party that all the expenses on the ship would be included in the fare. This was good news for a change and it called for a round of beer.

They would not soon forget their stay in Bremen, the town square amazed them to no end and the city had many tall buildings; it was a beautiful city.

In the morning they got on the train for the last time to head to Bremerhafen. The trip the port city did not take long and they were there before they realized it. The mighty ship was a sight to behold, but it was the sight of the great ocean that frightened them. Some became pale while others literally burst into tears. Some of the women screamed and children cried but it was not time to back down. The men took hold of them by the arms and walked them down the plank and onto the ship.

The ship's whistle blew as it cut through the waters. The boat sailed towards the English Channel for the shores of England. During the trip they encountered a storm in the middle of the night. The swells grew stronger and the ship rolled back and forth a little, causing the luggage to slide around and making the passengers sick. The storm lasted a few hours before the calm returned so it was another sleepless night.

The ship reached England at the break of day and it was docked until noon. Loading and unloading took place and soon they were ready to pull out of dock. Most of them were standing on the deck watching the land fade away into the distance as the ship set sail across the quiet calm waters. They were not afraid anymore. They had become reconciled to the unknown - they were sailing for the "Promised Land".

Chapter 8

The Promised Land

After three days on the Atlantic there were indications of bad weather. Sailors were predicting storms and on the eve of the third day, the clouds gathered and severe thunder cracked announcing the storm that was coming. The winds were strong causing huge swells and waves to crash into the ship making it creak and moan. The passengers were below deck in their quarters praying and saying the rosary. Some became ill with the ship being tossed all about, almost swallowed by the waves.

The storm was intermittent until the morning of the ninth day, then the water calmed again. It was good for the passengers to come up on the deck again to breathe the fresh air. The private quarters were small and stuffy with little ventilation.

The immigrants enjoyed standing on the deck next to the railing for hours under the bright blue sky. They watched the fish in the water; the ocean was spread out before them like a greenish colored mirror. The journey had been long and perilous with many hardships to endure, but the trip was becoming a joy. The stork intruded again and a baby boy was born in middle of the Atlantic. There was of course a celebration that spread across the ship. A keg of beer was tapped and toasts were made. The ship captain offered the parents of the boy a piece of paper to sign which entitled the boy to free passage to anywhere in the world; they did not trust it and did not sign it.

On the morning of the 13th day someone spotted land for the first time since leaving England. It was only a couple of specks on the horizon and by the end of the day a chain of hills and mountain tops came into view. In the morning the ship made it to shore and dropped anchor. The immigrants had to stay aboard the ship one more day to be examined by doctors before they could disembark. That evening everyone was outside on deck admiring the tall buildings and dazzling lights of the city. Spirits were high and many hardly slept that night, beside themselves with joy this time, instead of angst.

They all ate an early breakfast in the morning and the one by one they gathered their belongings; some with babies in arms walked down the plank on to American soil, "The Promised Land". The next destination was to the nearest train station. Once there they saw a long black train waiting to take them across country to Kansas. The locomotive spat smoke and flame when it pulled out in the middle of the night. The first part of the new land was covered in darkness.

Morning came fast and with it the views of wood houses, churches with tall steeples, plowed fields and rows of corn shocks. They saw some busy mills and factories and passed by some waterfalls too. The train continued to thunder across the land and over bridges high above various rivers.

Early on a Sunday morning they reached the mighty Mississippi River. The emigrants had heard of it before and thought it would be similar to that of the Volga. They were disappointed at the sight of the muddy water but the size impressed them. The bridge spanning the Mississippi was also astounding to them, high enough for the boats to pass underneath and wide enough for pedestrians and wagons to travel on the sides as well. It was awesome to them.

The emigrants had a one night stop-over in St. Louis as the trains did not run on Sundays. The new settlers stayed on the train the entire time, not wanting to venture out and get left behind. They were making this trip without being able to understand a word of English. There was a feeling of uneasiness constantly with them because of it.

At noon on Monday the train pulled out of St. Louis and headed west by way of Kansas City where they had a twenty minute stop-over. They met a land agent there by the name of Mr. Roedelheimer, who was there to meet the emigrants and accompany them for the rest of the trip. The train chugged on to Topeka, then to Salina where they were told that they were almost at the end of the trip. The people were so happy they knelt down and said the Rosary. As they rose from their knees the conductor called out "Russell".

Little did they know, the new land that they were about to call home would be no easy task for them to conquer. The summers were long and hot, and the winters almost as fierce as those they left behind in Russia. The sod had to be broken and readied for planting; there was plenty of work ahead of them with no time to waste.

For the second time in a hundred years, these Germans risked everything they had on an idea, an idea that the future could be better for themselves and the generations after them. This idea of freedom compelled men to risk it all on another continent nearly a century before.

Chapter 9

Building a new life

In the evening of April 28th, 1876, there was something special in store for the English of the prairie: the train to Victoria brought with it some arrivals that appeared odd and foreign, and the British were amused at the sight. Four cars of the train were filled with these strangely dressed people. When the train came to a stop, the first man to step off was wearing a round fur-trimmed cap. Twenty-three families unloaded from the train and had their tickets checked for the last time.

The English were pointing and mocking while talking in excited voices, as they heard strange guttural sounds coming from the small crowd that just arrived from God knows where.

In their months of travel the Germans became accustomed to feeling conspicuous and made fun of; it was unimportant. They were tired, worn out, and shelter was the main concern at the moment.

They set off for the site previously chosen by the delegations that had arrived earlier. They called the new community "Herzog", after the village they had come from in Russia. Some had brought tools with them, and a small supply of lumber had been purchased before they arrived so they were able to begin work right away on building houses. There were a few of the new settlers that did not have much to build with so they had to build the "Russian style dugouts", just as their forebears had done their first year on the Steppes. The search for employment began immediately and a few were hired by the Kansas Pacific Railroad.

Alois Dreiling was the first of the new settlers to build a sizable home of wood. When the house was completed, he offered it for religious services on Sundays. Up until then mass was held at a cross in a nearby plot of land. As more and more immigrants poured into Ellis County, the Dreiling home could not hold the people. Alois built a lean-to on the side of the house to accommodate all the members of the parish.

The first villages to be established were Herzog, Liebenthal, Catherine, Pfeifer, Munjor, and Schoenchen. The new arrivals that had money left over from the trip were able to begin homesteading and farming right away, others that did not have money left over sought employment among the English. Many of the women washed and ironed for the English and the men were hired on with the Railroads, the Kansas Pacific and the Santa Fe. The work took them all over, especially out West. The work was seasonal and the men would be gone for months at a time. When a season was over for the men that went west, the railroad company dropped them in Denver. They walked a distance of over 300 miles back to Ellis County. It was long and perilous with outlaws and wild animals to contend with. Some became sick and never returned. The ones that did were wild looking and half starved.

The Germans only did this until they had enough money to start homesteading their land. It was a hardship on the whole family but they pulled together.

When the farming began, the settlers continued the old custom of moving to their farms in the summer, which were sometimes several miles away from the village. Making Sunday morning mass at 10:00 am meant getting up at 4:00 am just to get there on time.

Such was the lives of the settlers the first year, nothing came easy. They persevered and put down roots that in time, made life for the generations to come a little better.

Chapter 10

The Dreilings in Kansas

On August 3ʳᵈ, 1876, more emigrants arrived in Ellis County. Among these were Peter and Maria Dreiling, (my great, great Grandparents). Other Dreilings were Johannes Peter Dreiling, Franz Dreiling, Michael Dreiling, Johannes Dreiling, Elizabeth Dreiling and Paulina Dreiling.

Ellis County is about thirty miles square and situated slightly north and west of the Northern part of central Kansas. The Saline River runs through the northern part of the county and the Smokey Hill River winds its way through the south. The County was named in honor of Lieutenant George Ellis of the 12ᵗʰ Kansas Infantry who was killed in the battle of Jenkins Ferry in Arkansas, April 30ᵗʰ, 1864.

The second largest group of immigrants to settle in and around Ellis County was the Plattdeutsch, the Low Germans. This group of immigrants came form the province of Hannover, close to the Holland border.

The Plattdeutsch settled temporarily in Ohio and Kentucky but the lure of the west brought them to the wild prairies of Kansas. This group of Germans deserves a great deal of credit for the prosperity in Ellis County. They learned about diversified farming and brought that knowledge with them when they arrived. They were diligent and thrifty, which helped them to become well established.

The Volga Germans and the Plattdeutsch went to Church and school together, conducted some limited business with one another but on a whole, they maintained their distance. The reasons for this are unclear; it could have been because of the differences in the languages, or maybe it was because of a feeling of superiority on the part of the "real Germans" towards those of the Volga. For the first couple of generations, intermarriage was very rare between these two groups but five generations later, many of the German descendants in Kansas do have not a clue as to whether they are Plattdeutsch or Volga German.

Peter and Maria Dreiling had a son by the name of Johann P.A. Dreiling, my first ancestor of the Volga Germans born in Kansas. "John", as he became known, was a stern man. He and his wife Pauline had good farming ground and did well. Later oil was discovered on the farmland, eventually producing five wells in all.

Pauline (Lang), John's wife, arrived at Ellis Island, New York in 1899. At the age of 18, she and John were married in Victoria, Kansas. After the wedding, the two traveled by wagon to LaCrosse, Kansas (about 20 miles) to have their wedding picture taken.

John and Pauline had 11 children. The second oldest son, Raymond, was my Grandfather. He married my Grandmother Marcella Walters, from the village of Catherine, Kansas.

The Germans from Herzog worked hard, prayed

hard, and celebrated hard. They were considered as austere and hard in spirit. The Germans from Catherine by contrast were gentler in nature but hardworking just the same. They built houses, farms and Churches. One of the most well known, St. Fidelis, the "Cathedral of the Plains" was begun in 1908 and completed and dedicated in 1911. The new settlers were taming the wild prairies of Kansas but there still remained plenty of challenges left to come.

Chapter 11

The 20th Century
(Ray and Marcella)

A new century had come and the first generation of Volga Germans was now old enough to start families of their own. The settlers still had not integrated with the English and they kept almost completely to themselves.

Life was beginning to improve slightly for the Germans at the turn of the century but nothing could prepare them for what lie ahead.

My Grandmother, (Marcella Walters), was born on February 15th, 1911 in Catherine Kansas, and was the oldest of 13 children. With her parents working she had the responsibility of watching after the other children. Times were hard and everyone that could work did so.

Her mother Monica died at the age of 39, leaving 12 children behind. Monica and her young daughter Miriam had eaten some home canned green beans without heating them first. The green beans were spoiled and both died as a result of botulism. The mother Monica died first; Miriam died the following morning. All of the family attended the funeral but the younger girls did not even have shoes to wear so they stayed in the car during the Church service.

Several years later tragedy again visited my

Grandmother's family; one of her little sisters contracted Diphtheria and died in her arms.

Marcella went to school until the 6th grade; she was needed at home to work and that's just the way it was. She was the oldest and had the most responsibility, practically raising the rest of the kids.

She married my Grandfather Raymond Dreiling on May 14th, 1929. They lived with his parents for a while and here again she worked like a beaver as this family had ten children.

Raymond was born on January 6th, 1908 in Victoria (Herzog), Kansas. I do not know very much about my Grandfather as he passed before I was born. What I do understand is that he was good with his hands and was a good mechanic. He farmed most of his life as well and he loved to play the fiddle. He finished High School, quite an achievement for the time.

My Grandparents could not have known that the year 1929 would be the beginning of several trying years to come. I am certain that they thought life would not be easy, but who could have imagined the stock market crash that year and the economic crisis that would follow in its wake?

Nevertheless, life went on and they had a family of their own. All through the thirties and into the 1940's, seven kids arrived and all of them were born at home. Grandma never went to the hospital.

The youngest, Joseph Raymond, died shortly after birth. The delivery was very difficult for Marcella and she almost lost her life too. She was recovering from the birth and loss of a child and it was harvest time no less. She was not long in the bed and was soon out working the fields. I am sure she would have pre-ferred more bed rest but rest was not an option.

Chapter 12

Norman, the oldest

On March 5, 1931, during the peak of the Great Depression, my Grandmother gave birth to her first child and son; my Father, Norman Joseph.

The economy was failing. Crops were destroyed by drought, insects, and the great dust bowls of Kansas. They were like tornados of sand that ripped across the Midwest.

It was an unforgiving time in the history of America. The hopes and dreams of many were dashed. There was massive unemployment and people were destitute with no where to go or even sleep. Hardly anyone knew which side was up and yet life had to go on.

In May of 1943, Ray and Marcella moved from Ellis to Chapman, Kansas, a small Irish Community about 80 miles east. By this time Norman had a brother and four sisters, Marvin, Lorraine, Mary Jean, Patricia (Patsy), and Charlene.

Moving from a German Community where everyone spoke German except in school to Chapman was not an easy adjustment for the kids. Their English was very broken and they were shunned and laughed at by the other children daily. The other students had mistakenly thought they were slow learners. My father was held back a grade because English came slowly for him. This led to my uncle Marvin and my Dad getting into fights with the other kids. Charlene says they came out ahead most of the time.

Life was beginning to ease up a little by this time as there were more help on the farm. The chores were hard but manageable. Dad and Marvin worked in the fields and Grandma and Charlene milked the cows. Laundry was scrubbed by hand on a wash board with lye soap. Charlene says she remembers her mother's knuckles bleeding from all the scrubbing.

The family acquired some horses at this time, which Dad always had a love for. That love lasted the rest of his life. He would eventually have some of his own, which my brothers and sisters enjoyed riding. Though he had sold ours by the time I was born, our neighbors let Dad and I ride their horses. A particular horse I remember, called Red, was a huge Tennessee Walker. As I recall, Dad and I rode Red in the Chapman Labor Day Parade when I was around three.

As Dad grew older he was good at sports but had little time to play as work came first. He was the oldest and the responsibility fell to him and he was the "Boss" when the parents were gone. At one time all the kids slept in the same bed and had to lay sideways across the bed so they could all fit. When Dad wanted to move, he'd say "roll over!" and everybody would roll over.

My Dad was a proud man. I understand that when times were especially hard and there was not enough food to pack a lunch for school, that he would take an empty sack to school so the other kids would not know that he had nothing to eat.

Dad played football and ran track in High School. A few years after school, he joined the U.S. Army and served three years. He was stationed in Ft. Benning Georgia and went to Jump school. I remember seeing the very towers that he jumped from when I was stationed there after I joined the army in 1990.

After he came home from the army he met and dated my Mother, Shirley Myers. They were married in February of 1956. In 1957 they had their first child, my oldest sister Susan. Soon to follow were Cheryl, Brenda, Dana, Steve, John, and finally me.

Chapter 13

Growing up 100 Years Later

In May of 1972, a third and final son was born to Norman and Shirley. Before I was a year old I was diagnosed with spinal meningitis and nearly died, but aside from this, all of us kids grew up healthy and strong.

Life for the Dreilings had come a long way in the 94 years since my first ancestors set foot on this continent. They began their lives with farming but technology and industry brought greater job opportunities, making life easier for our families.

I remember my Dad working a lot when I was growing up. As a result of that he did not have as much time for us kids. He worked all week and sometimes Saturdays. Sundays was a day of rest; I do not remember him doing much of anything on that day except going to church and relaxing afterwards.

Sometimes on Saturday mornings he would take me fishing with him down at the river. I was very young at the time and he would have to carry me when we would have to cross. He would sling me up on his back and grab the fishing gear and walk through the water. I held on tight, seeing the fast rushing water go bye; it was a little frightening.

Dad took me hunting too. I was about the same age, not even big enough to hold a gun much less shoot one. But I got to carry the rabbits or pheasants that he killed, depending on what season it was. That was enough, as far as I was concerned I was helping out.

He taught me very early in life about the concepts of right and wrong; about earning what you have and the appreciation of that. I learned by watching my Dad, he never sat me down and gave me a speech about right and wrong. He lived it and expected the same from his kids. There is a deep feeling of satisfaction even today when I think about these values that were taught to me at a young age. I did not always choose to do right when I was presented with the choice, but most often, I knew without a doubt what was right.

My Mother also taught us kids about what was right and wrong but it was different with her. She would simply tell us what she expected. Dad, on the other hand, didn't say much, so when he did, we listened to every word.

Dad would take me with him to help sometimes when he was working on a job. I say help but really it was more like babysitting. All I could really do was hold something in place or go get a tool. Thinking back, I really admire the patience that I surely put to the test. As I became older and was able to actually help, I learned not just about carpentry, but about my Father as well. I never saw anyone take such pride in their work, nor did I understand at the time.

When I was young I would see my Father on occasion pick up his table saw and load it into the back

66

of his truck by himself, which was awesome. I always wanted to be that strong, as long as I can remember. Later in my life, others would encourage that too.

When I got into junior high and high school, I participated it sports, wrestling, football, and track. I knew Dad had run track and played football, as he was athletic in his day.

My brother John played football ahead of me, and did well at it. He trained with weights and became very strong and athletic. He ran the ball hard and the coaches knew to give it to him in dire situations.

I was about 12 when John took me to the gym to work out the first time; again I was always in awe watching someone pick up something heavy. From that day on I was hooked and I began to train with weights as often as I could.

By the time I reached high school I was not a big kid but I was strong for my age. The coaches had seen me train the past few years and they had expectations of me to excel like John. I was average my first year of football and wrestling but track was a little easier for me.

As each year went by I continued to train and become better at sports, and my junior year, college football scouts were showing interest. But it was Dad's opinion that mattered the most to me. I would talk to him about my games and he would give me his advice. My junior year of football, (my last year as it turned out), Dad came to more of my games. One in particular that will always be indelible in my memory is the game that Chapman played Concordia that year. I had a great performance and I recall looking up into the stands and seeing Dad and John watching the game. Just having them there made me want to do my best.

A few games later I had a season ending injury to my left knee and I never played football again. I was devastated but I never thought too much about what Dad may have been thinking. I am sure he was disappointed and sad for me but he never said much about it.

Chapter 14

Moving to Salina

In the late fall of 1988, my sister Dana had convinced my parents that they should sell their house and move from Chapman, (the town I had known my entire life), to Salina. Salina was a little bigger town with perhaps more job opportunity but it was ultimately decided because of religious factors.

I stayed behind in Chapman for the remainder of my junior year of High School. My parents left for Salina in January of 1989 and lived with Dana until they found a place of their own. In the summer of 1989, I joined them and moved to Salina at the start of the school year. It was a year for which I had no desire to begin. In fact, I decided that I would quit school, however, my oldest brother Steve convinced me to finish high school at Ell Saline High School in Brookville Kansas. I was reluctant to go at first as I had no interest in meeting or socializing with anyone. As it turned out, I met my wife there.

Life was also different for me during this time. I had been baptized Catholic and the church that Dana had convinced my parents to try was quite different from what our family had been used to. The Church consisted of the minister, Jerry, and his family, and a few others whom I can't recall. It did not matter much to me at the time as I only attended out of obligation anyway.

Not long after I met Jennifer, I asked her to attend with me and she did. Eventually her sister Sara attended too.

My girlfriend Jennifer and I graduated in May 1990 and spent practically every day that summer together. In August she left for college and I left for the Army.

Chapter 15

On My Own

I never had any real plans to join the Army but Jennifer was leaving and in some odd way I felt like I was being left behind. It was then that I knew I had to leave as well. In the summer of 1990 Kuwait was invaded by Iraq. It looked as though the United States would be involved in a conflict. U.S. troops were being sent over to Saudi Arabia. Being young and naïve, I only saw it as an opportunity to be a part of history.

Mom and Dad took me down to the recruiter's office and said their goodbyes. It was surreal. I was leaving home for the first time and it was a long way from home. Dad had a smile on his face. He shook my hand and then gave me a hug.

In December I came home for leave due to an injury and asked Jennifer to marry me; she said yes.

My knee had to be operated on again and I was given the choice to remain in the army or be medically released. I was homesick and narrow sighted at the time. I chose to get out and go back home; a decision that I would come to regret later.

In April of 1991, I came home from Fort. Benning, Georgia; the very same camp that my Father had served at when he was in the Army in the 1950's. I told Dad about the jump towers that were still there and he would tell me stories about his days in the army. I always enjoyed hearing them.

When I returned home, I did not seem to fit in. I did not know what I wanted to do for a living or what I could do for that matter. I ended up working as a third shift manager at a super market for several months with my brother John. John did not stay long and found another job at Great Plains Manufacturing, a company that made farming equipment. It did not take long for me to follow him there and I began working in the assembly department, putting together the huge planters and plows.

It was the first real job I ever had and within about a year, I attended vo-tech and learned to weld. It was hot, hard, and dirty but it came natural to me. I enjoyed the work as I felt a great sense of accomplishment making something with my hands.

In the fall of 1992, my sister Dana was having custody problems with her ex-boyfriend. Unfortunately, her problems spilled over into the rest of everyone else's lives. In December of that year, her ex-boyfriend was murdered. Dana and Jerry, the Minister of the Church that my family was attending, were the prime suspects.

This was a very difficult time in everyone's life and very hard on my parents especially. They had no idea what had happened, and would not have believed it anyway. What was done was done, and the rest of us just had to deal with it the best we could.

In September of 1993, Jennifer and I were married in Sunset Park in Salina, Kansas. It was a beautiful day, a perfect day as I recall. It was a small ceremony, my brother John was my best man.

In January of 1995, my wife and I were living with my parents and things were difficult economically. I was working as a welder at the time making pretty good wages but I still owed more than I was making; something had to change.

Helping Dad on different jobs over the years allowed me to learn some skills that I had never thought about using. In the 1980's, Dad started his own business and for a while he did really well. I had an idea that maybe I could work for myself or better yet, work with John. I talked it over with him and we concluded that we could have Dad work with us; after all, he had all the experience. So that is what we did. I quit my job welding and went looking for work right away. Dad I am sure thought that was a little reckless but I was sure of myself. We were blessed with good fortune and had plenty of work, we were actually doing it. As time went on John and I learned more and more and I could tell that Dad was proud of us. It was a good feeling. I do not have any children of my own but I can imagine that Dad must have felt a deep satisfaction that his sons were living part of his dream.

It was during this time that I really got to know my Dad and really appreciate who he was. John and I were blessed to have him with us; we could not have made it without him.

We worked together for about two and half years, then I had my trial. Everything changed after that. In the end, Dana and I were convicted of 1st degree murder and since 1997, have been serving life sentences at state penitentiaries in Kansas.

Explaining all the reasons for this outcome and the details along with it would require the writing of another book and it is not the purpose of this one. It is however, necessary to briefly tell of my family's personal struggles and hardships. It is necessary because it is not a story of tragedy and defeat, but rather one of perseverance and triumph.

After I came to prison in 1997, I really thought that life was not worth living. I was not suicidal but I no longer cared if I lived or died. Life as I saw it was over. I even prayed for death the first few years I was here. Why should I go on breathing if my life did not matter? I did not see how I could be of any importance to anyone anymore being locked up.

My wife, Jennifer, was sentenced to a solitary life as well. She of all people did not deserve to suffer the consequences of someone else's decisions. Although I could tell her in words what she has meant to me, they would not be sufficient enough to explain it to her.

Chapter 16

Dad's gone

My first year in prison, Dad came to visit me often. November 1997 would the last time I would see him. The following month, he suffered a stroke and was severely incapacitated. He eventually regained some speech skills and could get around in a wheel chair but he would never walk again without assistance. He could talk but about half of what he said could not be understood.

I would call home once in a while and talk to him on the phone. It was good to talk to him, yet difficult at same time. When I would get to the end of the call and start to say goodbye, he would choke up. It was very hard for me to keep my composure. The thing that struck me was that he would be encouraging me - I could not believe it.

Within a few years after Dad had his stroke, I made peace with his death, or at least I thought I had. I resigned myself to the fact that he was not the same as he used to be and that he would not be around much longer. I was wrong. Dad lived for another 7 years, passing away in October 2004.

I will never forget the day that I got a message from my counselor to call home. I knew or at least I had a strong feeling as to what the urgent message was. I went to the counselor's office and she informed me that my Father had passed away and that I should call home. I called Jennifer and she of course told me what had happened and tried to comfort me.

He was laid to rest in Roselawn Cemetery in Salina, Kansas. If I could have had any say in the matter, I would have liked to have seen him laid to rest in Chapman, alongside his father Ray. His burial was given full military honors and I think he would have been proud of that.

Even though I thought I had prepared myself for this eventual moment, something inside me was broken. It was like time had stopped and everything was standing still. I meditated on my Father for days and days, trying to get back to some kind of normalcy. It was weeks before I could get back up from that deep hit.

When someone has gone from our lives, there always remains the questions and regrets of what we should have said or could have done, and didn't. The same can be said for me. I can say that I have felt like I have lived most of life without any sense of purpose or direction, not knowing what I should do, or who I should be.

Chapter 17

Where it all started

In the subsequent months, I thought a lot about Dad and who he was and what kind of man he was. He had his faults and shortcomings as everyone does. Dad didn't achieve what some would define as great accomplishments, so I could see that it would be easy for him to consider himself a failure. But he achieved greater things that commonly go unnoticed: he raised seven healthy children and provided them with opportunities in life that he didn't have. He passed on values that he lived with conviction, and taught by example rather than words. I always trusted what Dad said because I could see that he believed what he was telling me. I never knew Dad to quit something he believed in and what he believed was doing your best in life. This is the last thing I learned from my Father: never give up. In short, he left the world a better place than what he found it.

About a year before my Father passed away, I met a friend named Scott. As it turned out, while in the Army, Scott had been stationed in Germany for about ten years and spoke German well. In the course of getting to know Scott, he would use German words and phrases that reminded me of things Dad used to say.

From that point in time on I needed to know all I could about Dad; whether what he taught and said to me was predicated on him as an individual, or if those attributes were common in our family culture.

In the school year of 1986-87, I met a girl from Bremen, Germany named Antje. We got along really well and became pretty close as the year went by. She would speak German with me and I could understand her without too much difficulty. After she went home to Germany, I forgot just about all the German I had ever learned. With Dad passing away, it created a desire to remember and understand every memory I had associated with him.

I thought understanding him would help me understand who I am and who I want to be as a person.

For months I worked on learning to read and write in German so I could someday communicate with the Dreilings over seas. I had lots of questions and needed lots of answers.

In December of 2005, I had Jennifer do an online search for all the Dreilings in Germany. She was successful and found a list of over 400 across the country. I had my work cut for me. I wrote about 80 letters that first month. I can only imagine that my letters must have seemed very elementary to the natives when they received them, not to mention they were from a prisoner.

Some did not answer but the ones that did were enthusiastic and somewhat surprised to learn that there were Dreilings in America. They had as many questions as I did it seemed.

As I corresponded more and more, I wanted to find out if I had any relatives and what they were like. I sent out my family tree for them to compare and more often than not, they were unable to give me conclusive answers. A lot of records were destroyed during both world wars and tracing family genealogy was forbidden by the Russians after the Second World War.

I did find a few though and strangely enough, they were from Siberia and had only moved to Germany. It made sense though; the Dreilings had more recently come from Russia. One family that responded to my letters was Elena and her son Nikita Dreiling. Nikita's grandparents came from the same village in Russia that my great-great grandfather Peter Dreiling had left.

I learned that there were differences with some of the people that lived in the western parts of Germany as opposed to the others that lived in the east. Life is still hard for those that have come out from the iron curtain. There are greater freedoms to venture out and try different things. Under the old Soviet system, work was plentiful whether it paid a little or a lot. There always exists a wider range of possibilities with new freedom, but with that freedom comes uncertainty.

Two people who I have corresponded with from Germany, Anja and Werner Dreiling have treated me with kindness and respect, regardless of the fact that I am in prison. They often attempt to encourage me, and repeatedly say; "weiter kämpfen!" - Continue to fight! They are not unlike us Dreilings over here in America. They like the same music, the same foods, and more importantly they possess an unrelenting spirit to persevere.

I have attempted to tell you a story of a people that faced all the hardships that life could hurl at them, and they overcame. It is their indelible spirit and frame of mind which they maintained during the hard times that I find inspiring. And although I have encountered my own difficult situations, they pale in comparison to what my ancestors and even my own family have gone through.

I no longer wonder what my purpose in life is, or why I should continue to live. My purpose is to live. Not to just merely exist, but to live in such a way to honor those who have given me this gift. Life carries with it both heartaches and pleasures, and one without the other would leave us incomplete.

My journey through their story and their history has taught me many things, most importantly that it is the "hard" that makes you great when you come through with your integrity intact. I have been inspired to be a better person because of what my family has achieved and what they have left me. It is an intangible substance that cannot be bought. I am proud to call them my people and my family.

A Special Word of Thanks:

I would like to personally thank the following people that not only made this book possible but helped inspire it.

First, I would like to thank my wife Jennifer. She is stronger than I think she or anyone else realizes. She is compassionate, gentle, and has encouraged me more than she will ever know.

My brother John - who I've never told how much I looked up to him while growing up - but I did. I see a lot of my Dad in him.

My oldest brother Steve taught me a lot of things growing up when Dad wasn't able to be around. I know Dad was proud of him.

My sister Cheryl often watched after me when I was young; she did an awful lot for me. Of my four sisters, she takes after my Dad the most.

To my oldest sister Sue – I really appreciate all the things you've done for mom and dad over the years.

My Aunts and Uncles on my Father's side have always been good to me and treated me as their own. I have not seen them as often over the past decade as I would have liked but I admire them just the same.

I have always thought a lot of my Dad's brother, Marvin. I recall spending many Christmas eves at his house and everyone gathering around the piano to sing songs. Aunt Charlene played the piano and sang along while the others would dance. I remember polkas and German songs being sung. Those are great memories for me.

My Aunt Patsy was always funny and kept me laughing all the time.

My Aunt Mary Jean lived in Texas but she would make the trip up to Kansas during the holidays. She would always buy me something whether I asked for it or not. It was her way and that was that. I do not think there is anything she would not do for me if I asked her. That's Mary Jean, strong and independent but compassionate.

Lorraine has always been very kind to me and although I have not seen her in years, I know she would act as if she just saw me yesterday.

I spent a lot of time at my Aunt Charlene's house growing up. I remember taking a tour through her husband George's garden; he had a huge one every summer. She has encouraged me over the years just as my other relatives have, more than she might realize. I am grateful to her for helping me with this book. I could not have done a very good job without her help.

My Grandmother, Marcella Dreiling; what can I say about her? Or describe what she has meant to all the lives she has touched in the 98 years she has been on this earth. I can not think of anyone that personifies strength of character more than her. Her faith is unshakable and a light to everyone around her. I am humbled when I think of her life and what she has been through. I am so fortunate to have had her in my life for so long and I am very ρ

I would also like to thank Wolfga᠎
Dreiling from Berlin for providing this
Dreiling family crest.

Thanks to Anja, Werner and Eleı.᠎
correspondence in German and encouragement over
the past couple of years.

I wish to thank all of these people that are very
dear to me. I hope that in someway this book can
convey to them what their lives have meant.

Romans 5:3-5 (New International Version)

"...but we also rejoice in our sufferings, because
we know that suffering produces perseverance; perseverance, character; and character, hope. And hope
does not disappoint us..."

Author's Note: As of the writing of this second
edition, I have lost both my mother Shirley and my
aunt Patsy. They will be missed.

Pauline and John P.A. Dreiling
were married Oct. 17, 1905. A short time after their
marriage, they drove by wagon to LaCrosse, Kansas
to have this wedding picture taken.

John & Pauline and children.
My grandfather Ray is in the back row,
second from the right.

Marcella, age 3 (little girl farthest to the right) along
with her parents Monica and Frank, and younger
sisters Katherine and Cecila, about 1914.

Marcella's family.
Marcella is seated on the front row, first on the left.

Ray and Marcella

My father, Norman, in
high school, about 1949.

Dad posing proudly in
his football uniform

Dad with one of his favorite horses.

Ray, Dad
and Marcella

My uncle
Marvin, Ray,
and Dad

Dad in uniform.

Dad and Mom
at the Continental Divide sign
in the Arapaho National Forest, Fort Collins, CO,
shortly after their marriage in 1956.

Dad, Charlene, Lorraine, Ray, Marcella,
Mary Jean, Patsy, and Marvin.

Dad, my 2 brothers, 4 sisters,
Marcella and Mom about 1970.

Most of the kids, Mom and Dad,
along with proud Grandma Marcella.
I am the baby Dad is holding.

Me, "helping"
Dad with his helmet.

Dad dressed for
my brother
Steve's wedding
in 1991.

Dad soon after
moving to Salina

Me in my foot-
ball days at
Chapman
High School

Jennifer and me
at our
Senior Prom

Me, Jennifer,
Marcella and
Mom shortly
after I came to
prison in 1997

Me lifting weights in the yard at Lansing Prison

My best friend Sood and I getting
ready to go workout

Grandma visiting Dad
in the hospital

My aunts; Charlene, Patsy,
Mary Jean and Lorraine

Anja (Dreiling) Zippel and her daughter Anna-Sophia from Gera Germany. One of the Dreiling's found through my search of Dreiling's; a very dear friend to this day.

Nikita and Elana Dreiling. Two relatives discovered through my search from Siberia, now residing in North Germany.

My brother John, his wife Sara, me and Jennifer
Christmas 2008.

Jennifer, me, Grandma, Charlene and John
at a recent visit.

John, Sara, Jennifer & me on John and Sara's wedding day, 1 month after Jennifer and I were married in the same park in 1993.

My wife Jennifer and I today.

Eine Fast Vergessene Geschichte

Die Geschichte von den Volga Deutsch und ihrer Wanderung von Deutschland zu den Prärien von Kansas.

von Mikel Dreiling

Zu meine Deutsche Volk – entschuldige bitte für diese schlechte Übersetzung, aber meine Deutsche ist nicht perfekt.

Widmung

Er war ein alter gestalteter Mann, ein Kind vom 20. Jahrhundert und einem Überlebenden von der Großen Depression. Er hat über die Tatsache von Leiden und phantastischen Leistungen nachgedacht. Es ist nicht zufällig und es ist kein Unfall nicht einfach. Es ist eigentlich, Unvermeidlich. Leiden gibt uns einen Zeitpunkt in dem zu gehen über hinaus uns. Mit Leiden kommt die Gelegenheit für Güte im einem, das leidet.

Seine Sympathien und Hintergrund waren mit einfachen Leuten, der arbeitende Mann; weil das ist, wer er war. Er hat mit seinen Händen sein ganzes Leben gearbeitet. Er hat gesummt, als er in einer guten Stimmung, und er besonders war, mögen zu, während er gearbeitet hat.

Er hat den Geschmack guter Speise, des Wohlgeruchs der Pferde geliebt, und ist ein Zimmermann gewesen. Seine Arbeit war das gleiche, ob er für es bezahlt wurde, oder nicht weil es eine Reflexion war, von dem er war. Zimmerleute machen Dinge mit ihren Händen und, den sie schätzen ist fähig zu berühren das Ergebnis von ihrer Arbeit; das Schnittholz und Fühlen des glatten Endes riechend, hat er einen ernsten Stolz genommen, in was er geschaffen hat.

Sein Tod hat verursacht, dass mich an Sterben denke, ungefähr Lebensunterhalt, und um Leben gänzlich. Als er gestorben ist, hat es mir einen

Anhaltspunkt bezüglich wie viel es alle Kosten ihn und gegeben, was er gefühlt hat. Er hat in seinen letztes Jahre von seinem Leben verwiesen, zu wie er Leben jeden Tag erfahren hat. Er hat gesagt, dass etwas sehr wahres ungefähr Leben auf Erden und es wert mehr ist, als Gold und Diamanten. Er hat gesagt, dass er gewusst hat, wie viel, das Sie angenommen werden, jedes Sandwich zu genießen; wie wunderbar und köstlich die kleinsten Teile von täglichem Leben sind. „Ich bin glücklich, hier zu sein", hat er gesagt.

Etwas, das ist lustig jetzt dass er gegangen ist, sehe ich ihn nicht, als er war, bevor er gestorben ist, oder vor sogar einem Jahrzehnt. Ich sehe ihn als der Vater, der mich ohne Wörter gelehrt hat, die eine schweigsame Kraft besitzen, dass Sie gemacht hat, fühlt Safe. Seine Hand war stark aber es war nicht ohne Liebe.

Und jetzt, wenn ich an Freunde und Familie, denke, und die ich und besonders ihn liebe, bin ich von einem Geschenkvater hat gegeben mich erinnert; das Beispiel für sein Leben und den Weg, die er gelebt hat. Ich kann nicht vorgeben, dass er ein perfekter Vater war, noch war er ein perfekter Mann... aber er war ein Mann mit als stark ein Charakter, als irgendeine Person, die ich je ungefähr gelesen habe.

Dieses Buch ist zu meinem Vater Norman Joseph Dreiling gewidmet; der ist gekommen in diese Welt auf dem 5. März, 1931, und von ihm abgefahren ist, am 28. Oktober, 2004.

Die Leute in diesem Buch, dessen Geschichte, die

ich erzähle, einen unnachgiebigen Geist, Ein von Willen und Entschluss besitzt. Sie haben Rückschläge aber nicht Ausfälle gelitten. Ich habe diesen gleichen Geist in ihren Nachkommen, meiner Großmutter, meinen Tanten und Onkeln, und mein Vater gesehen. Ihre Leben sind ein Licht zu mir, eine Quelle der Inspiration in meinen dunkelsten Stunden gewesen. Und das Wunder davon alle, ist, dass sie dies ohne sogar zu kennen gemacht haben; lebend nur einfach ihre Leben das beste, das sie gewusst haben, wie. Ich wünsche, allen jene zu danken, die mich die Person gemacht haben, die ich bin heute, und habe mir die Kraft gegeben, so zu machen.

Widmung durch seine Söhne,
John & Mikel Dreiling

„Sind nicht nur wir traurig, dass wir ihn verloren haben, aber wir waren dankbar, dass wir ihn gehabt haben".

- Gemeinsamer deutscher Tribut

Einführung

„Geschichte gehört ihm, der bewahrt, was er ist gegeben worden, zu ihm, der zurückblickt, von wo er ist gekommen, zu wo er ist entstanden mit Liebe und Treue; und mit Ehrfurcht gibt Dank für seine Existenz. Er neigt vorsichtig zu dass von dem von alt existiert hat und es für die bewahrt, die in Existenz kommen werden, nachdem ihn, und folglich er dient Leben."

- Friedrich Neitzsche

Ich wünsche, Ihnen eine Geschichte von einer lebenden Geschichte zu erzählen, die über 3 Kontinente überspannt, und mehr als 200 Jahre. Es beginnt im 18. Jahrhundert und setzt fünf Generationen später ins 21. fort. Es ist eine Geschichte, die nur eine Anmerkung in den Seiten der Geschichte ist, und noch es gibt etwas davon, dass wert Erinnerung ist. Historiker sagen, dass es gibt, dass etwas, von jenen gelernt zu werden, die gegangen sind, bevor uns, und deswegen es ist mit diesen Leuten. Es zeichnet chronologisch ein Musterbeispiel auf, das zugehörend in der deutschen Kultur war; folgend ihnen zum steppes von Russland, und landend schließlich auf die Prärien westliches Kansas. Ihre Leben waren einfach aber nicht leicht. Leben am nahen von den „Sieben Jahren Krieg" hat verursacht, dass Leute in den südlichen östlichen Teilen von Deutschland anderswo für eine aussichtsreichere Zukunft anschaut. Es hat Aufgeben alles, dass sie vertraut mit auf einer Chance für ein besseres Leben waren, in einem entfernten stellt verschieden von irgendetwas sie hätten sich vorstellen können bedeutet.

Die Volga Deutsch, auch bekannt, als die deutschen Russen hier in den Vereinigten Staaten im April von 1876 angekommen sind. Trotz „deutsche Russen" gerufen zu werden, gab es kaum irgendetwas „Russe" um sie.

Nachdem Leben in Russland für 100 Jahre sie ein paar Gewohnheiten und Wörter abgeholt haben, aber sie haben noch gekocht und haben gegessen, wie Deutsch, deutsche Lieder gesungen hat, und haben deutsche Geschichten, nur genau wie sie in Deutschland vor einem Jahrhundert erzählt hatten gemacht, und so weit wie sie wurden angegangen, hatte nichts geändert.

Ihre Kultur, Werte, und Zeit haben in Russland würde anpassen ihnen für das Klima und die Kämpfe ausgegeben, die sie auf dem Kansas Prärien erfahren würden. Die Familie hat soziale Struktur geschienen, dem Bedürfnis von einen Leuten zu passen, die der ausgedehnte Flächeninhalt von den Prärien arbeiten würden; ihre Sparsamkeit und Liebe der Arbeit haben auch ihnen für die Herausforderungen gepasst, dass dieses neue Land an sie werfen würde.

Ein starkes Kennzeichen von diesen

Einwanderern war Familientreue, und es war ein Kennzeichen, das ihnen geholfen hat, im Gesicht zu gelingen, Chancen zu überwältigen. Sie waren klüngelnd und, ihren eingeborenen Dialekt aufzugeben, haben demzufolge die Deutsch langsam abgelehnt waren, mit dem Englisch einzugliedern, das fast 70 Jahre nimmt. Die patriarchalische System und starke Familieneinheit hat zum größtem Teil noch ist gewesen bewahrt sogar bis heute, 5 Generationen später, von dem ich gehöre.

Die Siedler haben die Verfahren der Landwirtschaft ziemlich schnell im neuen Land beherrscht, sich befassend sogar auch mit Geschäft und Berufen nach der 1. Generation.

Eines der stärksten Kennzeichen von diesen Leuten und ihre Nachkommen ist ihr beständiger Glaube. Es gab nichts je halbherzig um diese Leute; Arbeit und die Leistung religiöser Pflichten war die wichtigsten Verpflichtungen, die sie gehabt haben. Feiern waren wichtig auch, als sie Familie Zeit ausgegeben zusammen verwickelt habenMusik, Geschichte, die und Essen zusammen erzählen, waren aber ein paar einfachen Vergnügen, die einen kurzen Strafaufschub vom Tag zu Tag angeboten haben, kämpft diese Leute ausgedauert. Der Arbeitstag hat bei Tagesanbruch begonnen und hat bis Abenddämmerung gedauert. Diese Art der Arbeit hat als viele Hände als möglich erfordert, der in große Familien übersetzt hat.

Die harten wirtschaftlichen harten Tatsachen ohne ein Zweifel entschlossen, wie viel Erziehung die eine Person empfangen würde, hat formelle Erziehung aus Lernen zu lesen und bestanden zu schreiben. Selten wäre eine Person glücklich genug, sich vom Dorf und dem Studium an einer Hochschule oder Universität hinauszuwagen, aber das würde bedeuten, dass die restliche Familie das Spiel von einer weniger Bauernhofhand abholen müsste.

Nur nachdem die Drehung vom Jahrhundert Krieg, der in Europa und einer Welle ausgebrochen wird, von Anti Deutsch Gefühl aufgetaucht hier in den Vereinigten Staaten, die verursachen, dass viele dort Muttersprache um verlassen, Pro Deutsch zu nicht erscheinen. Eine Anzahl deutscher Nachkommen aber, hat die Streitkräfte angeschlossen, die ihrem neuen Heim ihre Treue zeigen. Ein paar Jahrzehnte später, Amerika hat noch einmal sich selbst in einem anderen Weltkrieg gefunden, der gegen Deutschland kämpft, wieder; diesmal ein Drittel von den Amerikanisch Expeditionskorps war von deutscher Herkunft. Sie sind nach Deutschland zurückgekehrt, der Wehrmacht auf dem gleichen Boden zu kämpfen, der ihre Vorfahren 170 Jahre früher gekommen waren. Viele haben noch Deutsch gesprochen aber sie waren von Amerika jetzt. Dies muss fremd für beide Seiten, etwas ähnlich geschienen haben zu wie einige von den Soldaten, die während des Amerikanisch Bürgerkrieges gefühlt worden sind, wenn einige Brüder, die auf entgegengesetzten Seiten gekämpft worden sind.

Die Geschichte von den „deutschen Russen" ist in ein paar anderen Büchern erzählt worden, aber ich habe benutzt „Erobernd den Wind" als eine Hauptquelle der Verweisung für viel von der historischen Aufzeichnung in diesem Buch. Viele von den gleichen Punkten werden auf um berührt werden, historische Genauigkeit beizubehalten, aber meine Geschichte wird eine Drehung hinunter eine spezifische Straße nehmen, die eine besondere Familie von diesen Nachkommen bespricht, der Dreilings'.

Die kulturellen Werte, die meine Vorfahren für mehr als 500 Jahre gestützt haben, sind noch sehr relevant heute. Ich werde überrascht, wenn ich ans Leben und die Mühsale. Die Sterblichkeitsrate war bei der Geburt hoch, Medizin war noch mittelalterlich, und es gab keinen solchen Gedanken als Sozialversicherung, oder Wohlfahrt. Arbeit war hart und lang, und es hat klein bezahlt. Wenn ein Mann gesunde Kinder gehabt hat, die er hat gesehen zu Reife wachsen, war er glücklich. Wenn dieser Zyklus, der ohne viel Tragödie fortgesetzt worden ist, dann wurde Lebens einen Erfolg bedacht. Nennt wie zum Beispiel „ein freier Tag" oder „rufend in krank" waren unerhört. Um eine Phrase zu hören, wie dass verblüfft hätte.

Wenig hatte im Weg von Technologie und Erfindungen geändert. Die Hauptquelle des Transports war Tausende von Jahren alt mit nichts neu auf dem Horizont. Meine Großmutter, die geboren in 1911 war, hat gesehen, dass Technologie vom Pferd und dem Wagen, zu einer Mannlandung auf dem Mond, und alles in zwischen geht. Trotz der ganzen Dinge haben sie nicht gehabt, haben sie ihre Kämpfe überwunden und haben schließlich in den meisten Bemühungen sie verfolgt sind gediehen. Sie haben einen Charakter besessen, der von zeitlosen Werten die einfach eingeschlossen worden ist, würden nicht erlauben, dass sie versagen.

Es ist eine Ehre und Privileg, die Geschichte von den 1875-78 Einwanderern zu erzählen, von dem meine Familie Nachkommen ist. Besser um die Gründe zu verstehen, für den diese Leute Deutschland verlassen haben, muss ich die Geschichte dort beginnen.

Inhalt

Kapitel 1

Preußen und die Kriege von Friederich

Bevor die 1700er Jahren, die Deutschland eine Anhäufung mannigfaltiger Fürstentümer und Königreiche war. Alle von diesen waren Teil von das Heilige römische Reich köpfig durch einen Kaiser gewählt durch 7 zu 8 von den mächtigsten Prinzen hat gerufen „Kurfürsten.

Im Friederich III von 1701, Kurfürsten von Brandenburg und Herzögen von Preußen, hat seinen Titel zu Friederich ich geändert, König von Preußen. Sein Sohn, Friederich Willhelm I, der von 1713 zu 1740 regiert hat, gestärkten Preußen durch verwaltend vorsichtig seine wirtschaftlichen Ressourcen und bauen eine wirksame Armee auf. Die Waffen und die Ressourcen, die von ihm angesammelt worden sind, wurden zu seinem Sohn Friederich II verlassen, der bekannt als Friederich das Große werden würde.

Friederich Willhelm war ein strenger Vater, und würde nichts weniger als ein militärischer Leiter für einen Sohn ausschließen. Kleine Fritz, wurde unterrichtet von die Armeeoffiziere seinem Vaters und durch das Alter von 7, kleine Fritz hat sein eigenes Regiment gehabt das er hat gebohrt und hat mit geübt. Es ist mit kleiner Überraschung, die seine Devise geworden ist; „Audace, audace, tojours audace". Es war nur eine Frage der Zeit, bevor er Preußen in eine europäische Kraft umgestalten würde, beginnend durch Entreißengebiet und Prestige weg von Österreich.

Im Kaiser Charles VI von 1740 ist gestorben, verlassend seine Tochter Maria Theresa als sein Nachfolger, über den österreichischen Gebieten zu regieren. Friederich hat gesucht, den neuen und unerfahrenen Herrscher auszunutzen, aber zu seiner Überraschung, sie hat sich als beachtlicher erwiesen als er hat erwartet.

Friederich hat die österreichische Provinz von Schlesien ergriffen, das „der Krieg österreichischer Reihenfolge" niedergeschlagen hat, der gedauert hat, bis 1748. Dies ist ein europäischer Krieg geworden, der den anderen Deutsch Staaten verwickelt hat. Frankreich und Britannien sind verwickelt ebenso geworden. Friederich hat die Provinz von Schlesien für Preußen gewonnen aber hat die Samen für einen anderen Konflikt genäht. 1

1756 haben das Jahr markiert, den das viel zerstörendere „Sieben Jahre Krieg" begonnen hat. Mehrere Nationen sind zur Hilfe von Österreich gekommen und haben fast der gewaltig Friederich besiegt. Unter den Alliierten von Österreich in diesem Krieg war Russland, zum erstem Mal sie tätig störte in den Angelegenheiten von Westeuropa.

Russland war am Anfang des 18. Jahrhunderts noch ein ursprüngliches landwirtschaftliches Land, und große Mehrheit von der Bevölkerung war unwissende, ungebildete Bauern, die in serfdom leben, ihre Leben nicht viel besser als Rinder.

Ein neuer Herrscher ist auf der Szene das der des meisten Russlands ist erinnert worden an Monarchen in seiner Geschichte angekommen; Peter den das Große ist gekommen an die entschlossene Macht, seinen umgekehrtes Land zu ändern. Er hatte Westeuropa, die Fähigkeiten von den Arbeitern und die Handwerker dort haben verlassen einen sehr starken Eindruck auf ihm besucht. So begeistert war er, den er diese Handwerker nach Russland eingeladen hat, ihr Handel zu seinen Landsmännern zu lehren. Peter hat eine meisterhafte Sicht zum Verbessern seines Landes und die Leben von seinen Bürgern gehabt. Er hat gesucht, die Isolierung von Russland zu beenden, und Wirtschaftswachstum anzuregen. Sein Plan sollte dem Westen ein „Fenster" öffnen; er hat eine Stadt auf der Küste vom baltischen gebaut und hat Mischehe zwischen russischem Königtum und den Adligen von Deutschland eingeleitet.

Alle von den Bemühungen von Peter haben kleine permanente Wirkung gehabt, als er in 1725 wenig gestorben ist, hatte geändert. Seine unmittelbaren Nachfolger haben die gleiche Sicht oder die Fähigkeit nicht gehabt, seine fortschrittlichen Grundsätze fortzusetzen, die er begonnen hat.

Die Tochter von Peter, ist Kaiserin Elizabeth der Thron in 1741 aufgestiegen, und sie hat Kontakte mit dem Westen erneuert aber würde wenig tatsächlich unter ihr ändern. Sie war kinderlos und wegen dieser Elizabeths entschieden, nach Russland, ihrem Neffen Peter, zu bringen, „das Herzogtum von Holstein". Er war der Sohn von ihrer Schwester Anne und sollte Erbe zum Thron sein.

In der Elizabeth von 1744 hat eine Ehefrau für ihn

in Deutschland gefunden, Prinzessin von Anhalt-Zerbst, Sophia Augusta Frederica. Wenn Sophia in die Orthodoxe Kirche getauft wurde, hat sie den Namen von Catherine II genommen. Als Elizabeth in 1762 gestorben ist, ihr Neffe, den Peter der Thron als Peter III aufgestiegen ist, aber innerhalb ein paar Monaten wurde er am Geheiß von seiner Ehefrau Catherine ermordet.

In den letzten Jahren von der Regel von Elizabeth, wurde Russland in den Angelegenheiten von Westeuropa verwickelt. Sie ist zur Hilfe von Österreich in den „Sieben Jahren Krieg" gegen Preußen gekommen. Als sie in 1762 gestorben ist, hat ihr Neffe Peter, ein glühender Bewunderer von Friederich das Große, seine Truppen vom Krieg zurückgezogen. Dies ohne einen Zweifel hat Friederich von Besiegung gespart, die bevorstehend zu der Zeit geschienen hat. Ein Jahr später waren die anderen Feinde von Friederich müde von Krieg und haben Friedensverträge unterzeichnet, die Preußen eine führende Kraft in Westeuropa gemacht haben.

Die Kriege von Friederich das Große verwickelt fast alle deutschen Staaten, entweder direkt oder indirekt. Dieses linke Deutschland in einem Staat der Baufälligkeit wirtschaftlich und es hat schwer Handel und Landwirtschaft gestört. Die langen Jahre des Kriegs haben in seiner Kielwasser massiver Arbeitslosigkeit und äußerster Armut verlassen. Friederich hat tätige Maßnahme genommen, die Wirtschaft in Deutschland wiederaufzubauen, aber seine Grundsätze haben kleine Wirkung außerhalb Preußens gehabt. Die kleinen Städte und die

Fürstentümer in südlichem Deutschland wurden besonders vernachlässigt. Es war von diesem Gebiet hauptsächlich, dass Auswanderer nach Russland in den Jahren gefahren sind folgend zu den Sieben Jahren Krieg.

Kapitel 2

Catherine das Große

Irgendwann zwischen 21 April und am 2. Mai, 1729, in einem kleinen grauen Steinhaus an Zahl 1 im Grosse Domstrasse in Stettin, war eine Prinzessin geboren. Sie war die Tochter von Prinzen christlichem August von Anhalt-Zerbst. Der Vater hat sie angebetet, während die Mutter, die einen Erben erwartet hat, viel ungefähr sie nicht belästigt hat. Sie wurde den Namen Sophia Augusta Frederica gegeben aber sie haben ihr Fike gerufen.

Als Fike ziemlich jung war, wurde ihr Vater Gouverneur von Stettin gemacht und ihre Mutter ist verwickelter mit sozialen Angelegenheiten geworden, verlassend nicht viel Zeit für die kleine Prinzessin.

Sie wurde einen Privatlehrer versorgt aber wurde allein meistens, sich selbst allein verlassen fühlend. Es hat gesagt, dass klein Sophia angefangen hat, denkend an Ehe, als sie sieben war. Am 9. Februar 1744 im Alter von ungefähr 15, wurden Sophia und etwas von den anderen Prinzessinnen nach Russland vielleicht eingeladen, zum russischen Königtum karamelisiert zu werden. Sie wurde gewählt, die Ehefrau vom Großartigen Herzog von Russland, Peter zu sein.

Am 28. Juni 1744 wurde Sophia Augusta Frederica in die griechische Orthodoxe Kirche und gegebenen den Namen Catherine empfangen. Sie wurde am 21. August, 1744 geheiratet. Am 25. Dezember 1761 ist Kaiserin Elizabeth Petrovna gestorben, nachdem 21 Jahre von Regel und dem Großartigen Herzog von Russland Peter der Thron als Peter III aufgestiegen ist. Seine Regierung hat nur ein paar Monate gedauert, als Catherine eine Revolution und am 28. Juni 1762 angefangen hat, hat sich selbst den Herrscher von Russland erklärt. Catherine II war intelligent, strebsam, mutwillig und amoralisches. Sie war die fesselndste Persönlichkeit seit Peter das Große.

Catherine hat gewusst, dass Öffentlichkeitsarbeit wichtig war, und sie hat sich tief gesorgt, dass die Herrscher vom Westen Brunnen von ihr und des Staats von Russland unter ihrer Regel gedacht hat. Catherine II wollte ihre Regierung ein hervorragendes Ein machen, und wollte Russland eine offene Tür unbegrenzter Möglichkeiten machen.

Sie hat eine Idee erdacht, ihre östlichen Ränder zu bevölkern. Um dies zu erreichen, hat sie, um einzuladen Einwanderer in Russland zu entwickeln das Gebiet und zu dienen, als einer Wand auf dem östlichen Grenzgebiet gegen marauders. entschieden.

Die Kaiserin war sich selbst ein Deutsch, und hat bevorzugt, Einwanderer deutscher Herkunft einzuladen, die durch ihre Ordentlichkeit Beispiele für die unvorsichtigen und schlampigen russischen Bauern setzen sollten. Sie musste mit einem Plan kommen und einmal sie hat sichert als der herrschende Monarch von Russland gefühlt, hat sie keine Zeit verschwendet, ihren Plan in Wirkung zu stellen. Sie hat Fachleute eingestellt, ihr östliches Grenzgebiet für die Möglichkeit der Landwirtschaft der Steppes für Handel und Gewinn zu vermessen. Besorgt zu sehen, dass ihre Pläne eine Realität werden, Catherine hat einen Ruf zum Westen am 4. Dezember 1762 beschleunigt, ladend alle Nationalitäten außer Juden ein, zu Russland zu kommen..

Sie hat ein Manifest entworfen und hat Broschüren geschickt, die ihre anziehenden Versprechen enthalten, aber zu ihrer Überraschung, niemand hat wirklich den Ruf beantwortet. Das Land wurde mit Unruhe gefüllt aber es gab einen Krieg im Gange und die meisten Männern waren weg in der Armee. Wenn die Leute bereit gewesen waren, zu antworten, waren sie nicht wirklich in einer Position, so zu machen. Ihr Manifest hat auch versagt, weil es Zusicherung gemangelt hat, die jenes Leben unter Catherine irgendein besseres wäre. Catherine wurde sehr bestimmt zu sehen, dass ihre Sicht durch und sie ein zweites Manifest entworfen hat, diesmal mit spezifischer und wurde Versprechen angezogen.

Das Blutbad vom Sieben Jahr Krieg war über aber es hat einen Geist von Zwecklosigkeit und grimmige Depression als ein Vermächtnis verlassen. Das Land wurde von Kriegmachen ihm fast unmöglich verarmt, zu bewirtschaften. Demzufolge war Europa in einer wirtschaftlichen Krise, Mannheim vom Krieg hat gefunden ihre einfach ausgeschöpften Familien und hat von Hunger und Krankheit abgenutzt.

Die deutschen Leute waren müde und haben

entmutigt, vorbereiten für eine Chance, ihre miserablen Leben zu verbessern. Das zweite Manifest von Catherine ist am 22. Juli, 1763, und diesmal nicht ohne Ergebnisse erschienen. Es hat folgendermaßen gelesen:

1. Alle Leute des fremden Länder wurden eingeladen nach Russland, wohin auch immer sie zu beseitigen, haben erfreut. Sie haben das Recht gehabt, ihre alten Berufe oder Berufe zu verfolgen.

2. Sie wurden garantiert Freiheit der Religion; das Recht, Kirchen zu bauen, und Schulen, Priester und Minister, ihr geistiges und intellektuelles Leben zu führen.

3. Alle, die jene ohne Mittel solch für Reisenausgaben versorgt werden würden, bis sie ihr Reiseziel in Russland erreicht haben.

4. Irgendjemand, der Geld für Lebensunterhalt und gebraucht hat, ihre Heime einzurichten, würde geliehen werden Geld ohne Interesse durch die Krone. Dies war aber, hinter in 10 Jahren in 3 Ratenzahlungen bezahlt zu werden.

5. Alle die, das sich für dem Volga Fluss entschieden hat, sollte sein frei von Steuern für 30 Jahre. Alle anderen Entscheidungen waren entweder 5 oder 10 jährige Befreiungen.

6. Alles das der sich hat entschieden für dem unter Volga hat gehabt das Recht, ihre eigene Regierung zu bilden, ebenso lang als sie haben zur vorherrschenden Form dem Zivilrecht eingereicht.

7. Alle Siedler mit Geld waren nicht besteuert zu

werden, wenn sie das Geld benutzt haben, sich einzurichten.

8. Alle männlichen Einwanderer sollten sein frei von Militär oder zivile Pflicht auf unbestimmte Zeit. Wenn sie sich freiwillig gemeldet haben, aber anzuwerben, würden sie einen Bonus von 30 rubles empfangen.

9. Im Interesse, die Einrichtung von Geschäften und Industrien zu ermutigen, diese sollten Steuer und Zoll befreien für 10 Jahre, mit dem Recht sein, ihre Güter im Ausland zu verkaufen.

10. Alle Einwanderer waren frei, Russland an zu jeder Zeit zu verlassen, jedoch sie wurden erfordert, Steuern auf allen von ihren Wirkungen.

Das Manifest zu bezahlen, wurde gedruckt und wurde durch Europa befördert, das die Geister von den Leuten aufhebt. Die Versprechen waren fast über hinaus Glauben; Befreiung von militärischem Dienst wäre genug allein für am meisten gewesen, die Reise zu machen. Es wurde von Gruppen auf die Straßen, an Versammlungen,und in den Heimen gelesen. All classes showed an interest; nobility, freeholders, artisans, craftsmen, officers and soldiers, doctors, students, as well as vagabonds and criminals.

Dies war die erste Auswanderung von der deutschen Wanderung, die dramatischste Episode in Europa zu der Zeit. Bald würden die großen Länder des Volga mit den zähen und mutigen Siedlern anschauend überschwemmt werden, ein neues Leben anzufangen. Eine hundert Jahre später würde eine andere Wanderung stattfinden, landend in Ellis Bezirk, Kansas.

Kapitel 3

Fahren wir nach Russland...

Die Sieben Jahre Krieg hat Vollendung klein mehr als Prestige für Preußen beendet. Langfristig würde das neue Land Deutschland profitieren, aber für das Geschenk es hat den Tag zu Tag Leben von den Soldaten nicht verbessert, die nach Hause kommen, oder jene, die versuchten, zu bewirtschaften, was von der Schlacht verlassen wurde, haben Land zerrissen. Eines Dings für sicher, die Leute waren bereit eine Änderung, besonders ein die sie könnten lassen ein sagen in. Diese neue Hoffnung war hat eine Chance, frei von den sozialen Ketten zu der zu brechen, einen Mann der Handel seines Vaters gebunden. Es hat bedeutet, dass eine Gelegenheit für einen Mann wächst war über hinaus welchen vorherigen unmöglich. Für einige war es ein Abenteuer, und für andere, ein Traum; ein Traum, der weiter über Europa ausbreiten würde, schließlich führend zum Land dem Freiheit...Amerika.

Es war scharfsinnig von Catherine, den Siedlern ihre eigenen Dörfer anzubieten. Es gibt innerhalb uns, ein ursprünglicher Instinkt, der uns erzählt, zu unserer eigenen Art zu kleben, besonders wenn in einem fremden Ort unter Leute verschieden waren, als uns. Es gibt eine Sicherheit in den vertrauten Stichen der Mühsal, wenn Sie um andere sind, dass sind, wie Sie, und spricht wie Sie.

Die Dörfer wären deutsch, die Sprache hat gesprochen wäre deutsch, und die Religion eine Frage der Wahl ebenso.

Catherine hat Kommissare eingestellt, mit der Logistik von der Wanderung zu helfen, den Siedlern zu helfen, ihre Reiseziele zu finden, die sie mit Speise und Schutz entlang des Wegs versorgen. Leiter wurden gewählt zu helfen, die neuen Kolonien für die Reise zu organisieren, die in Positionen der Führung bleibt, nachdem ihre Dörfer gebaut wurden. Ein von diesen Leitern war Thomas Weigele, Doktor Thomas Weigele. Er war ein untersetzter Mann in seines 30's und hatte klein von Leben außerhalb seines militärischen Dienstes gekannt. Er hatte allen gedient, obwohl der Krieg und bereit war, ein neues Leben anzufangen.

Thomas Weigele hat einige Kommissare an Regensburg getroffen, eine auffallende Bayer Provinz. Er hat einen Vertrag mit den Kommissaren unterzeichnet, für Russen zu verlassen, sobald Transport versorgt werden könnte.

Es gab mehrere Akzente in Regensburg; der weiche musikalische Bayer; der zockelnd Hessian; der scharfe und genaue Preuße, und selbstverständlich, die tiefen Gutturallaute vom Schwarzwald.

Doktor Weigele hat seinen Weg über Bayern nach Frankfurt gemacht, seine Verwandten und Freunde aus Kindertagen für das letzte Mal zu sehen. Eine Phase zu nehmen, war für das reiche und außerdem, es gab, dass ein gewisses Vergnügen, beim Laufen gehabt zu werden; er könnte auf den Duft von den Kiefernwäldern und den einzeltrunked birken einweichen, als er entlang der steinernen weißen Straße marschiert ist. Das Land, das sich wichtig und beliebt zu einem Deutsch ist: Thomas Weigele verabschiedete sich von seinem Heim.

Es ist ungefähr 500 Meilen von Frankfurt zu Lübeck. Fußtruppen in guter Bedingung könnten es in 20 Tagen marschieren, wenn sie machten, hat zu Futter für Speise entlang des Wegs nicht. Es hat die neue Kolonie 60 Tage genommen; sie mussten Futter für Speise entlang des Wegs und die Gruppe hat aus Männern, Frauen, und Kinder mit unterschiedlichen Graden der Gesundheit bestanden.

Diese Gruppe ist von Hesse, den Rheinländern, und Palatinate gekommen, (moderne Staaten von Wuerttemburg, Baden, und Anteile unter Bayerns). Einige waren vom Schwarzwald und das Elsass ebenso gekommen. Jetzt, dass sie tatsächlich auf der Bewegung waren, leiteten sie ihr eigenes Schicksal. Sie marschierten in die Zukunft in einem Sinn. Sie sind durch solche Städte als Marburg, Kassel, Goettigen, und Hildesheim gereistNachdem Lübeck und Danzig erreicht wurden, warteten die russischen Schiffe, sie über die baltische See zu nehmen; das Ende vom Anfang, der Anfang von der Zukunft.

Als sie an den Häfen der Einschiffung angekommen sind, gab es keine Schiffe, buht nur aus. Hölzern buht das hastig war gebaut worden von den Russen hat bedeutet aus, sie für den Winter zu unterbringen. Sie waren zu spät, es war September und Eis begann, auf den russischen Flüssen zu bilden, deshalb wurden sie erzählt. Sie würden Winter dort müssen und, was das überladene ausbuht, wäre, wie kommt, Feder war eine Frage viele, die auf ihren Gemütern gehabt worden ist.

Dr. Weigele und die restliche Partei müssen sich gewundert haben, wenn sie die richtige Entscheidung, um zu kreuzen einen Punkt von keiner Rückkehr in einer Weise des Sprechens gemacht hatten. Zwei hundert und fünfzig Paare haben jenen Winter dort geheiratet und mehr als zwei hundert und fünfzig Babys waren geboren, das letzten, geboren auf deutscher Erde zu sein.

Eine Ehenaufzeichnung, die zu diesem Tag in Register der Str. steht. Die Evangelische Kirche von Peter in Lübeck, ist dass von Dr. Weigele.

Als Winter der Satz in, viele von den Siedlern haben fast zu Tod gefroren. Einige verkürzten Krankheiten und ist sowieso gestorben. Ehen wurden, neugeboren wurden getauft durchgeführt und Beerdigungen haben geleitet. Leben ist in einen Mikrokosmos weitergegangen.

Die Einwanderer waren anfällig für die Propaganda, dass sie waren erzählt worden ungefähr. Russland wurde angenommen, das Land von „Milch und Honig" zu sein. Das Wetter war mild und die Erde die fruchtbar ist für Bewirtschaften, deshalb haben sie geglaubt. Die Kaufleute in den Häfenstädten haben genügend Zeit gehabt, die Ankömmlinge von ihrem Überschuss von Gütern und kleiner Horten des Gelds zu entlasten.

Schließlich im April von 1766, wurde die erste Gruppe erlaubt, zum Versprechenland zu segeln, unter diesen waren Frank Dreiling I und seine Ehefrau Barbara. Jede Person hat „Butter geld"

(Buttergeld) nur empfangen, bevor das Schiff, 16 shillings besteigend. Das war ungefähr zwei Dollar und fünfundzwanzig Cents. Die Speise hat für die Zeitdauer der Reise hat bestanden aus, Brot, Kekse, eingelegtes Fleisch, Wein und Weinbrand gedient.

Manchmal wurden die Schiffe von den starken Winden vom baltischen verschoben, nehmend ungefähr elf Tage von Lübeck zu Kronstadt, Russland. Jedoch, einige von den Kapitänen, (der entweder Hanseatic oder Englisch) war, die Schiffe herum in der Nacht gedreht zu haben, die Reise auszudehnen, um zu verkaufen, wurden mehr Vorkehrungen an hochgetriebenen Preisen gedacht.

Nach der langen und anstrengenden Seenreise haben die Siedler in Kronstadt im Golf von Finnland gelandetSie wurden von bärtigen Russen mit Wagen getroffen, kommen, sie zum Sommer Palast in Oranienbaum zu nehmen, wo sie einen Eid der Treue zur Krone Kaiserlichem Russland schwören würden.

Die Vorkehrung im Manifest hat den Leuten das Recht gegeben, ihren eigenen Handel oder Beruf zu verfolgen, aber ein russischer Beamter hat Ivan Kuhlberg war dort genannt, sie zu überreden, Landwirte zu sein. Doktoren waren frei aber der Rest wurde beim Aufgeben ihres Berufs gehetzt. Dies war Teil von der ursprünglichen Idee nicht, und in den Gemütern von den Ankömmlingen, war es eine Überraschung, die sie nicht erwarteten. Eigentlich dies war nur eine der Überraschungen, die die Leute behandeln müssten.

Catherine war dort an Oranienbaum, die Einwanderer in Person zu begrüßen. Nachdem sie den Eid genommen haben, haben sie ihren Handel oder Beruf von Vorzug und ihrer Wahl des Wohnsitzes registriert. Viele waren müde von der Reise zu argumentieren, dass ihr Handel von Wahl und aus zum Volga Gebiet sofort geführt hat, zu beginnen, zu bewirtschaften. Andere sind zurück ebenso lang als 6 Wochen geblieben, auf ihre Rechte zu bestehen, zu werden, was sie gewollt haben. Es war keine Materie für am meisten, obwohl, Ivan Kuhlberg sie peitschen bedroht hat, zu lassen und hat zum Volga ohnehin weggeschickt.

Das nächste Strecken von der Reise würde auf dem Wasser gemacht werden, das von Oranienbaum auf dem Neva Fluss zu seinem Zusammenfluss mit dem Volkov segelt. Von dort sie haben ein klein vergangen Novgorod gesegelt, wo sie haben herausgenommen Wasser auf ist weitergegangen Land. Sie sind in Wagen und Schlitten zu Tver, Torzhok, und Kostroma gereist. Soldaten haben die Einwanderer begleitet, die nicht erlauben, dass sie irgendeine strittigen Themen diskutieren. Sie würden immer die Einwanderer mit günstigen Antworten beantworten, um zu vermeiden, Unzufriedenheit.

Als sie in Kostroma angekommen sind, wurden sie unter den russischen Bauern aufgeteilt, die ihre Heime mit den Ankömmlingen teilen sollten. Die Deutsch wurden zu einer neuen Sitte in Russland, das Schaf, Kühe, und Hühner wurden gebracht ins Haus eingeführt; dies überraschte einfach zu ihnen. Dort waren Viertel sehr klein, und Teilen ihres Schutzes mit einer anderen Familie und, die Tiere war zu ziemlich viel, auszuschließen. Die Speise war

134

unbekannt, haben die Tiere gerochen, und die fremde Sprache hat diese Periode ein Albtraum gemacht. Ihre Diät hat größtenteils von Kohlsuppe und Hirsebrei bestanden, und ein Getränk hat Kwass gerufen; es wurde aus gegärtem rye oder Gerste mit warmem Wasser gemacht, das darüber gegossen wird.

In diesen Arten war die die Gelegenheit von den Bedingungen für eine Krankheit reif und bereit. Eine Epidemie ist ausgebrochen und Doktor Weigele hat Tag gearbeitet und Nacht besuchend zum kranken. Er ist krank zusammen mit seiner Ehefrau und sie geworden beide haben sich zur Krankheit ergeben. Die linke Seite, die ein Sohn Thomas II genannt hat, nur ein paar Monate alt zu der Zeit und schließlich, durch angenommen zu werden, und älteres Paar.

Sie waren schließlich hier, und die Realität hätte nicht weiter entfernt werden können, aus was sie sich vorgestellt hatten. Einige waren gekommen, zu bewirtschaften, aber es hat angeschaut, als sie alle lernen müssten, zu bewirtschaften, oder hat es überhaupt nicht gemacht. Der Volga wurde spärlich gebevölkert, bevor sie angekommen sind, mit nur ein paar Entscheidungen und Wandernstämmen von Kosaken und Tataren. Es gab auch kleine Gruppen von Kalmucks, den die Banken den Volga durchstreift, haben alle von diesen ihr Leben durch Plündern des reichen Verkehrs auf dem Fluss gemacht. Die Siedler haben ein neues Heim und ein neues Leben gehabt, wenn sie es... festhalten könnten

Kapitel 4

So weit von Heim...

Als Feder gekommen ist, sind die Briesen wärmer geworden und die Flüsse haben begonnen, aufzutauen. Der Schnee und das Eis haben verschwunden und die Boote könnten noch einmal rasch auf dem Fluss bewegen. Die Siedler, die in Saratov gelandet werden, am 20. Juni 1767, mehr als ein Jahr, nachdem sie Deutschland verlassen haben. Das Gebiet, das für die neuen Entscheidungen bestimmt wurde, war ungefähr drei Tage verreisen von Saratov. Die Regierung hat ein Gebiet von ungefähr 133 Meilen auf der Wiesenseite dem Volga mit Kosakenstadt als das Mittendorf bestimmt. Auf der hügeligen Seite wurden ungefähr 66 Meilen nach Westen und Süden von Saratov zugeteilt. Zusätzlich, 26 Meilennorden von Saratov wurden beiseite für Entscheidung gelegt. Jeder erwachsene Mann könnte ungefähr 65 Morgen beanspruchen; dies sollte ihr bewegliches Eigentum sein. Die Regierung hat zusätzliches Land für Schulen, Kirchen, und Fabriken versorgt.

Jedes Ehepaar wurde erfordert, zwanzig Bäume zu pflanzen; auf, dass sie erfordert wurden, sechs Bäume für jedes männliche Kind und vier für jedes weibliche neugeboren zu pflanzen. Die Dörfer entschlossen durch religiöse Glauben, Bedeuten,; sie sollten von solchem um getrennt werden, religiöse

Uneinigkeit zu vermeiden. Catherine hat die neuen Kolonisten unter naher Aufsicht behalten aber sie haben sich regiert. Sie mussten allen zivilen Gesetzen aber gehorchen; sie waren frei von russischen Beamten.

Jedes Dorf hat eine Gemeinderegierung gehabt, die aus gewählten Beamten bestanden hat; ein Bürgermeister, zwei Komiteesmänner, und ein Protokollführer. Ihr Begriff war für zwei Jahre und sie waren gewöhnlich älter und haben Männer geachtet. Ihre Entscheidungen waren das Gesetz von den Dörfern. Die Pflichten von diesem Ausschuss haben miteingeschlossen: Die Anstellung von einem Lehrer, versorgend Kirchen, Sammlungssteuern, und Verwaltenstrafe für Fehlverhalten.

Die Pflichten des Bürgermeisters waren wichtig und haben sich geändert. Er hat jede Geschäftsverhandlung, besuchte Hochzeiten, Taufen, und Feiern bezeugt. Er hat auch Argumente beseitigt und hat Strafen geleistet, die gewöhnlich schwer waren. Wenn die Straßen wurden nicht behalten frei von Trümmern in ein Haus gegenüber stehen, kann der Eigentümer fünf zu zehn Ruten mit einer Peitsche empfangen.

Der Bürgermeister hat dreißig rubles für seine Pflichten, (ungefähr sieben Dollar und fünfzig Cents), und die Ernte von sieben Morgen des Lands empfangen. Er hat auch drei Stapel des Heus von jedem 65 Morgenlandwirt empfangen. Ein acht vom Getreide von zwei Morgen wurde für das arme genommen.

Die Siedler hatten schließlich es gemacht, waren

sie wirklich hier. Sie wurden Land und Vorkehrungen, Werkzeuge und Speisenzuteilungen gegeben, aber es wurde klar, dass sie das viel nicht erreicht haben können, das für „Garten von Eden" gehofft worden ist. Im Gegenteil waren die Versprechen von Catherine eine herzzerbrechende Enttäuschung. Es hat geschienen, als ob die Einwanderer einen Satz miserabler Umstände für einen anderen gehandelt hatten. Ihre Zuteilung der Vorkehrungen war unzulänglich und spät. Schutz mussten gebaut werden, bevor Winter angekommen ist, und Bauholz war in sehr kurzer Versorgung, nicht beinahe genug, Deutsch-Stilheime zu bauen.

Die einzigen Schutz, die sie es fertig bringen könnten, zu bauen, waren dass von den russischen Bauern einfach ein Unterstand, der und nach innen hinunter gemacht worden ist. Die ausgegrabene Erde wurde dann entlang des Umfangs gestellt. Diese haben einige offensichtlichen Nachteile gehabt: Der Unterstand war dunkel und dämpfte, und die Ansammlung der Gerüche auf Grund des Mangels der Belüftung war unangenehmTrotz dies hat es auch ein paar Tugenden gehabt; sie waren leicht zu bauen und zwei drittel vom Unterstand war gut unter der Frostlinie, die bedeutet hat, dass sie leicht warm mit minimalem Kraftstoff behalten wurden. Dies wurde vor allem sehr drei Monate in einen harten russischen Winter geschätzt.

Die Zeit hat ausgegeben bauend Schutz kosten die Siedler eine Ernte, die zuerst Jahr und den Winter von 1767 früh gekommen ist. Sie wurden zu ihren Löchern wochenlang auf einmal eingeschränkt, während Winde und Schneeteufel draußen getanzt haben. Die Speisenzuteilungen haben gerade sie behalten verhungern von; die Tiere, die haben gemacht fremde Geräusche und an ihren Türen genagt hat, zu ihren Fleischrationen wurden hinzugefügt.

Es war keine leichte Zeit, die Frauen haben oft geweint, aber die Männer, achtlos, was sie tatsächlich gedacht haben oder gefühlt hat, musste ihre Gelassenheit behalten. Ihre Einstellung und Mut war die letzte Linie der Verteidigung in den Hoffnungen den Leuten haben. Wenn es Weg geben sollte, könnte Panik ausbreiten, verursachend, dass die ganze Angelegenheit und Leben versagt, verloren zu werden.

Es ist ein Ding, zu Hause unter vertrauten Leuten und Erinnerungen zu verhungern, ist es ziemlich ein anderer, in einem fremden neuen Land in einem faulen riechenden Loch im Boden zu verhungern. Springen Sie schließlich ist angekommen und es hat mit ihm eine neue Hoffnung gebracht. Obwohl der schmelzende Schnee verursacht hat, dass der Volga und überschwemmt, die meisten Siedlern von ihren Unterständen auszuwaschen, hat es viel nicht ausgemacht. Sie haben es durch den Winter gemacht und das hat bedeutet, dass das Pflanzen von Jahreszeit praktisch hier war. Sie hatten die erste Ernte und dieses ein wollten nicht sein verloren verpasst. Sobald der Boden ausreichend sie aufgetaut hat, haben keine Zeit verschwendet, zu brechen, erdet und Pflanzen.

Die Samen wurden vorsichtig für Verderb

untersucht und die erfahreneren Landwirte sind herum zu den angrenzenden Dörfern gegangen, teilend Rat und Hilfe. Niemand wollte kurz gefangen werden; die Erfahrung letzten Winters war noch frisch in ihren Gemütern, und wenn sie ihm helfen könnten, wollten sie einen anderen Ein wie es nicht haben

Die Regierung hat jede Familie mit dem Folgenden versorgt: Samen, (Weizen, rye, und Gerste), zwei zerlegte Pferde, hat eine Hand hölzernen Pflug, eine Sichel, Beil, Rechen, Wagen, und eine Kuh gemacht. Sie wollten haben, das am besten sie zu machen, können mit was sie haben gehabt, unzulängliche Vorkehrungen, eingeborene Findigkeit, und Wille.

Es muss sich daran erinnert werden, dass die meisten Siedlern nicht Landwirte waren. Es gab Schneider, Handwerker, Lehrer, Frisöre, Doktoren, Ehemaligmilitär, und Händler; alle waren vollständig aus ihrem Element.

Rechtzeitig sind viele Dörfer auf der Wiesenseite und der hügeligen Seite dem Volga aufgesprignt. Zuerst waren die Heime ursprünglich, aber später eigentliche Häuser wurden gebaut. Während null Wetters wurden die Tiere hinein mit ihren Eigentümern behalten, die den russischen Bauern nachahmen, die sie schwer kritisiert hatten, als sie zuerst in Russland angekommen sind.

Dies war wie Volga Deutsch, der ihr erstes Jahr in Russland verbracht worden ist. Sie waren auf dem Annahmeende von etwas vom ungastfreundlichsten Wetter Russland könnte werfen an sie gewesen, und sie haben überlebt. Sie waren stärker jetzt und eine gewisse Befriedigung war anwesend in ihren Herzen und Gemütern: Es war die Realisierung die sie könnten machen es durch nur um irgendetwas, aber ihre Kämpfe waren weit von über.

Kapitel 5

Leben des Steppes...

Das Wasser auf dem Volga war Kristall reinigt und der Süßriechendheuausgehen von der fruchtbaren Erde des Steppes hat wie ein wahres Paradies ausgesehen. Erscheinungen täuschen manchmal; und dies war Ein von ihnen. Die Volga Länder waren Zeuge zu menschlichem Elend und Aderlass, die nicht viel gehörtes von im Westen ist. Das Gebiet um die Dörfer war der roving Boden für die primitiven Stämme, Nomaden zu überfallen, wie zum Beispiel der Kirghiz und die Tataren.

Die meisten deutschen Dörfern war weit genug weg von den russischen Forts die sie nicht ausreichend könnten geschützt werden oder könnten geantwortet werden rechtzeitig, wenn ein Angriff stattgefunden hat. Der nomadisch Kirghiz würde in hinunter die Städte unerwartet und unangemeldet herabstoßen, und würde die üblichen Grausamkeiten einsetzen vergewaltigend von, Ermorden, und Plündern. Sie würden jeden ausschließt die Kinder ermorden, die könnten genommen werden und in Sklaverei verkauft werden könnte, die zu mehr Siedlern stattgefunden hat, als ist besprochen Dörfer, die solche Angriffe gelitten haben, waren Marienthal, Herzog, Schlasselwa, Graf, Rohleder, Reinhardt, Reinhalt, Caesersfeld, Urbach, und Schaefer. Schlasselwa wurde vollständig zerstört und unfähig, von den wiederholten Überfällen wiederzuerlangen;

die wenigen übrigen Überlebenden wurden in andere Dörfer absorbiert.

Anton Schneider, ein Historiker des Volga war das erste, einen Aufzeichnung den Kirghiz Überfälle zu machen. Alter Peter Dreiling, (Enkel von Johann Dreiling III) von Herzog, Russland, das ans Sehen von einem Manuskript von den Überfällen erinnert worden ist, als es zu ihm als ein Junge gelesen wurde. Die Geschichte wurde in ein Spiel gemacht und hat inszeniert in 1926 in Heu, Kansas auf dem Anlass von „die Goldene Hochzeit von der Ankunft dem Volga Deutsch in Kansas.

Die Siedler haben ihre erste gute Ernte in 1776 gehabt, als mehr Land vom Pflug erobert wurde. Der Nicht Landwirt hat begonnen, den neuen Beruf mit Hilfe einander zu beherrschen,. Die Siedler haben Obstgärten und Tabakeflecke, eine günstige Ernte gepflanzt, die ein gutes Einkommen hergestellt hat; es wurde auch für persönlichen Verbrauch benutzt. Ein Gemüsegarten hat einen netten Tisch im Sommer und mit dem Überschuss getrocknet zu werden und versorgt für den Winter bewahrt zu werden. Sonnenblumensamen waren sehr wichtig; sie wurden für Ölherausziehung für Kochenöl zerquetscht und haben als eine Zierlichkeit im Winter gebraten. Jedes Dorf hat Gemeindebrunnen gewöhnlich setzen auf eine Eckenmenge gehabt, aber als Zeit ist gegangen durch, mehr und mehr ihr eigenes auf ihrem eigenen Eigentum ausgegraben hat.

Die tägliche Diät von den Einwanderern könnte etwas mager durch heute Standards scheinen; ein typisches Frühstück würde aus Milch, eine

Ersatzartkaffee bestehen, die von Weizen gemacht wird, etwas Brot und eine Schüssel des Sirups, der von Wassermelonensaft gemacht wird,. In der Winterzeit wurde die Hauptmahlzeit gewöhnlich herum vier gegessen ,O Uhr nachmittags, und es war auf Bestellung, nur zwei Mahlzeiten zu essen, weil die Tage so kurz waren.

Die Frauen haben schwere Teigklößchen, Schweinefleisch, Sauerkraut gekocht, und haben Kartoffeln zerstampft. Ein Nachtischliebling wurde Äpfel geschmort, die während der Sommer Monate getrocknet worden waren. Es wurde immer Wassermelone und Gurken eingelegt, zur Mahlzeit ebenso zu passen.

Nach der Mahlzeit würde die Familie zum Hauptwohnzimmer wo die Frauen vielleicht würden nähen pensionieren, strickt, oder häkelt. Sie waren sehr geschickt an ihrer Arbeit machend Jacken, Mantel, Hose, und Decken. Die Männer andererseits, würde besprechen was sie machten jenen Tag und, was das Folgende gemacht werden musste. Sie haben Karten gespielt und haben ihre Rohre und wenn nötig geraucht, könnte Ein einen Stiefel oder einen Paar Schuhe reparieren. Der Vater vom Haushalt liest oft eine Geschichte vom Leben eines Heiligen vom „Lengende Der HeiligenEs war aber, eine Zeit, für eine Paar kurze Stunde zu entspannen. Ein typischer schwerer Mantel wurde aus Wolle mit Pelz auf den Aufschlägen und den Kragen gemacht. Die Männer haben selbstgemachte Baumwollenhose mit einer russischen Stilbluse, die locker und die Frauen hängt, haben getragen volle Röcke mit ihren Blusen hängend ungefähr vier Zoll hinunter Vergangenheit ihrer Verschwendungslinien getragen. Die Familienstruktur war viel verschieden dann in Vergleich zu heute, und besonders verschieden von irgendetwas hier im Westen. Die Familie wurde unter dem „Patriarchalischen System" organisiert. Dieses System wurde auf Wirtschaftswissenschaft basiert; es war einfach einträglicher, zusammenzuarbeiten. Die älteste Mutter und der Vater von einem Haushalt waren in Kosten und das war nie auf für Debatte oder Frage. Ein Haushalt würde aus den Söhnen und ihren Ehefrauen und selbstverständlich irgendeine Kinder von den Paaren bestehenDer Vater vom Haushalt würde Arbeit und Verantwortungen zu den Söhnen delegieren und die Mutter wird deshalb das gleiche mit den Töchtern. Dies war eine deutsche Sitte, die hat gefolgt ihnen der ganze Weg zu die Vereinigten Staaten ein Jahrhundert später und gedauert hat, bis nach Weltkrieg I. Jene Sitte wurde weniger und weniger nachher gesehen.

In diesem Jahrhundert ist Wäscherei für die meisten von uns eine Frage des, lässt das fallen einige Kleider in einer Waschmaschine und ein Waschmittel hinzufügend, und gehend dann weg. Nicht so für die Siedler von den 18. und 19. Jahrhunderten. Wäscherei war viel arbeitsintensiver; die verschmutzten Kleider wurden mit Waschbrettern geschrubbt, die im Fluss gespült worden sind, und dann gekocht in einem Kessel. Im Winter wurde die Wäscherei auf dem Schlitten angehäuft und wurde zum Fluss hinunter genommen. Das Eis wurde dann mit einer Axt gebrochen und die verschmutzten Kleider haben eingetaucht und haben ausgezogen, geschrubbt mit der Hand. Nachdem dieses das sie selbstverständlich, gekocht im Kessel waren, der mit ihnen gebracht wurde. Als sie das Haus erreicht haben, das sie aufgehangen wurden, neben dem Ziegelsteinherd zu trocknen.

Arbeit während Ernte war ein wenig verschiedenes; die Familie hat Zubehör, das kleine Fässer des Wassers, Speise, und ein paar Zelte im Wagen miteingeschlossen hat zusammengepackt, und hat zu den Weizenfeldern geführt, die so weit wie fünfzehn Meilen weg vom Dorf sein können. Die Siedler würden an den Feldern die ganze Zeitdauer der Ernte in den Zelten leben, die nur zum Dorf an den Wochenenden und Ablösen bei das zurückkommen; jemand musste immer bleiben und musste den Feldern zuschauen, gegen potenzielle Überfälle zu schützen.

Das perfekte Wetter für Ernte war heiß und trocken, mit den Leuten, die ruhelos werden, zu den Feldern zu erhalten. Die Frauen haben abendfüllende Röcke und Köpfeschultertücher getragen, ihre Köpfe von der bekommenden Blasensonne zu bedecken.

Der Arbeitstag hat im Sommer im dunkeln begonnen, essend ein leichtes Frühstück und sammelnd dann die Werkzeuge für das Schneiden. Die Männer würden die Felder mit einer Sichel schneiden und die Frauen würden hinter sie kommen und würden der Weizen rechen und würden es zusammen in Garben binden.

Mittagessen wurde an neun morgens und wieder an vier nachmittags mit Kvass oder Wasser gedient. Nachdem ein kurzer Rest, den sie zurück gegangen sind, zu arbeiten, bis es dunkel wieder war. Die Arbeit war heiß, hart und präzis; nicht ein Kopf von Weizen oder rye würde Stehen verlassen werden. Nachdem der Weizen getrocknet wurde, wurden die Garben in Schocks gemacht, bis sie vollständig trocken waren. Diese Bündel wurden zu den Dörfern geschleppt und die Kerne wurden vom Stroh getrennt. Der Weizen und der rye wurden getrampelt und wurden in Haufen, die durch den Wind gelaufen wurden, mit der Hand; das Getreide zum Boden gerochen ist gefallen, während die Spreu wegblaset hat. Die linke Seite über Stroh wurde in Bündel und Gebräuche gebunden, während in der Winter Zeit tankt.

Diese Hausarbeit war sehr langsam und schmutzig, aber es musste gemacht werden. Das Getreide wurde rausgeschmissen und wurde in drei verschiedenen Anteilen; Ein für den Überschuss des ganzen Jahres, ein anderer gespeichert genommen zu werden, auf den Markt, und das letzte zu bringen, in der Kornkammer und dem Gebrauch für jetzige Bedürfnisse gespeichert zu werden.

Kleiner Reisen wurde von den Dorfbewohnern, einmal oder zweimal pro Jahr eine Reise wurde gemacht zu Katharinenstadt von Saratov für versorgt gemacht wie zum Beispiel Bohnenkaffee und Zucker, vielleicht ein neues Werkzeug war auf der Liste, sich nach zu erkundigen. Auf besonderen Anlässen mag eine Hochzeit, würden sie den ganzen Clan zusammenpacken. Es war eine Zeit sie alle haben sich gefreut auf, weil es bedeutet hat, ist fähig, durch die Geschäfte durchzulesen, die und Handhabung die späteste Kleidung und die Stoffe berühren. Im Fall der Männer vielleicht ein neues Werkzeug, das Arbeit leichter und schneller machen würde. Es war keine Garantie aber am wahrscheinlichsten, nur um jeden würde etwas neu erhalten. Wenn der Grund für die Reise eine Hochzeit war, dann erhaltend die Braut, gewesen zu werden, eine neue Kleidung oder wenigstens neues Material, Ein zu machen, und der Bräutigam das gleiche. Es wäre etwas, dass sie den Rest von ihren Leben hätten, und sie haben es gekannt, war es keine kleine Materie.

Hochzeiten waren ein großes Ereignis, nicht ungleich heute mit der Ausnahme von einigen Details. Typisch haben sie einen Wagen benutzt und haben angestrichen und haben es dekoriert es sei denn es war eine Winter Hochzeit, würde in welchem Fall der Schlitten benutzt werden. Eine drei Pferdmannschaft würde bis zum Schlitten mit das mittlere Pferd sportlich eine große runde Verbeugung um den Hals gerückt werden. Die Verbeugung würde mit Bändern und Papierenblumen getrimmt werden und das Geschirr wurde gereinigt und wurde mit Bändern befestigt ebenso poliert. Jedes Pferd hat einen kleinen Blumenstrauß auf der Stirn gehabt.

Nachdem Erhalten in den Schlitten der Bräutigam und sein groomsmen, die für das Haus der Braut begonnen werden, die ein paar Schüsse in den Winter Luft feuert, anzuzeigen, dass eine Feier an Hand war. Als sie an ihrem Haus angekommen sind, würde sie draußen begleitet mit den Dienstmädchen ihrer Braut kommen. Die Hochzeitspartei, die ab der Kirche getrieben wird, ihre Gelübde umzutauschen. Nachher hat das neu eheliche Paar ein paar Schöße die Straße hinunter im Schlitten, den Toaste und wieder macht, feuernd Schüsse in die Luft genommen.

Die Feier wurde zurück am Haus von den Eltern des Bräutigams fortgesetzt. Die ganzen Werkzeuge wurden von der Scheune in Vorbereitung auf die Hochzeitsabendessen mit Tischen und Speisenausbreitung für alle gereinigt. Hier haben sie gegessen, haben getrunken, und haben vieles ein Lied, bald der Weinbrand in Kraft gesungen würde treten und Tanzen ist die Unterhaltung vom Anlass geworden. Eines der Lieder die sie haben gesungen und haben getanzt, wie dies zu gehen:

Der Ehemann muss schaffen das Brot,
Der Haus und Hof nicht leiden Not,
Mus sorgen wohl für Weib und Kind,
Sonst tut er eine grausame Sünd.
Hei Dei Dolga
Fahren wir über die Wolga.

The groom must work for Bread,
To keep his house and court well fed,
He must provide for his wife and child,
Or else he commits a gruesome sin.

Die Feier war ein phantastischer Anlass und, der es zwei Tage gedauert hat, aber alle guten Dinge müssen und deshalb der kurze Bruch von ihrem täglichen Leben war über aufhören.

Kapitel 6

Glaube und Medizin...

Es gab nichts wichtiger in den Leben von diesen Leuten als ihre Glauben. Ihr Glaube in Gott wurde geprüft aber wurde nicht leicht bewegt. Ob ein Dorf nur ein Überfall gelitten hat, oder die neue Ernte war reichlich verursachen einen Überschuss, haben sie das gleiche angebetet. Die ersten Kirchenglocken haben um 8:00 bin mit einer runden Sekunde klingelnd fünfzehn Minuten später geklingelt, lassend die Dorfbewohner wissen, dass jene Masse bald beginnen würde. Als gemeinsam heute ist, haben sie ihren Sonntag am besten getragen.

Nicht jedes Dorf hat einen Priester gehabt; oft ein Priester würde mehrere Dörfer warten, vielleicht sogar sieben oder acht. Er würde seine Runden machen, die sich an einem Dorf pro Woche kümmern. Jedes Dorf hat einen Lehrer gehabt und der er würde stehen in für den Priester und würde die Masse statt des Priesters geben.

Dienst würde mit einem Lied beginnen und dann Sonntag das Evangelium wurde gelesen. Der Lehrer würde die Gemeindemitglieder ermutigen, brüderliche Liebe zu üben, und durch Gebendank für die Gesundheit von den Leuten und den Ernten zu beenden.

Wegen der Knappheit der Priester oft der Lutheraner Minister, die mit den geistigen

Bedürfnissen von den katholischen Dörfern geholfen werden, die Katholiken und die Lutheraner, die entlang sehr gut erhalten werden.

Wirkliche Doktoren waren wenig und weit zwischen, kann ein Doktor der besuchende Arzt für mehrere Dörfer, als viele als fünfzehn tausend Leute sein. Jedes Dorf hat ein „ausbeint fester" obwohl gehabt; eine Person, die besonders geschickt mit ihren Fingern war. Sie haben ihre Empfindung durch Berührung benutzt, verrenkte und gebrochene Knochen zu setzen. Ein berühmtes das knochen ist fester von Herzog, Russland, war Anna Maria Dreiling Riedel. Sie hat eine ungewöhnliche Fähigkeit gehabt, gemeinsame Leiden und feste gebrochene Knochen zu behandeln. Sie hat ihre Dienste für Meilen um geliehen und hat später ihre Arbeit hier in den Vereinigten Staaten fortgesetzt.

Eine Massagenmethode wurde zu behandeln und benutzt einen müden und wunden Körper zu beruhigen. Oft hat Hebamme gerieben und hat den Unterleib der Frauen gestrichen, Unordnungen von den weiblichen Organen zu beheben.

Nach Geburt wurden die Mütter zu Bettruhe für mehrere Tage eingeschränkt, speichernd auf Kraft für die Aufgabe pflegen sich von ein neugeborenes. Auf Grund des Mangels an Doktoren den Leuten musste sich auf Heimenheilmitteln verlassen. Im Falle eines Ohrenweh würde ein Vater den Rauch von seinem Rohr in er Ohr blasen, entlastend den Schmerz. Dieses das ich an mich erinnere meine eigene Mutter, die zu mir macht, als ich Kind und war, der es gearbeitet hat. Im Falle eines schmerzenden Zahns gut, gab es nichts, das oder schmerzlos mit diesem Heilmittel beruhigt. Eine Zange wurde benutzt, den schlechten Zahn zu extrahieren, und manchmal ein paar gute Zähne würden mit dem schlechten kommen. Es war nicht angenehm und es hat auf einen Schweiß für beide haben verwickelt gearbeitet.

Die Kolonisten wurden sehr von der restlichen Welt und der Medizin isoliert, waren Pocken, Fleckfieber, und Masern oft tödlich. Eine Familie könnte zehn zu vierzehn Kindern haben aber nur sechs zu acht würden zu Reife wachsen. Tod war kein Fremder zu diese Leute und das mehr das Leiden, das mehr, die sie zu ihrem Glauben geklebt haben.

Kapitel 7

Suchen ein Traum...

Leben ist zunehmend besser für die Siedler geworden und zwischen den Jahren 1800 und 1874, waren ihre Leben etwas gemütlich. Die meisten Kolonisten hat ein mäßigen Heim mit einem Hof, eine gute Scheune, ein Obstgarten, und einige Tiere wie Schaf, Schweine, Kühe und Pferde lassen. Einige ebene hat einen Überschuss des Gelds gehabt, der sogar heute, immer Dinge ein kleines leichter macht.

Reich oder arm, ist jeder stolz gewesen, auf was sie gehabt haben. Es war wesentlich, Dinge ordentlich und ordentlich zu behalten. Für die Frauen war ihr Heim der Schrein, der größte Stolz und die Freude war beim Behalten es fleckenlos.Die Häuser in den Dörfern waren jetzt ziemlich verschieden verglichen zu jenen von den ersten Generationen; weißer angestrichener Rahmen und Ziegelsteinehäuser, die in Reihen entlang der Straßen aufgestellt werden. Sie hatten gut Hecken um jede Höfeverstandtore, einige gemacht aus Eisen getrimmt. Zwei Geschichtenscheunen und Hütten, Obstgärten mit Reihen der Obstbäume; sie freuten sich und zufrieden mit harter Arbeit selbstverständlich als harte Arbeit ihres ist alle und Ende alle warSie haben Leben geliebt, als es war, weil sie nie es so gut gehabt haben.

Die Deutsch auf dem Volga waren frei von militärischem Dienst und sie haben fast vollständig isoliert gelebt. Es gab einen russischen Einfluss in ihrer Kleidung, aber sie haben ihre Muttersprache behalten und haben zu ihrem deutschen Zoll gehaftet.

Als die Jahre durch die Bevölkerung von den Siedlern gegangen sind, ist gewachsen und die russische Regierung hat begonnen, aus Land zu laufen, zu den Kolonisten zu geben. In messen Zeit die Subventionen haben abgenommen und die Steuern haben vermehrt, der das Thema von viel Diskussion geworden ist. Es hat so ausgesehen, als ob Leben für die zukünftigen Generationen irgendetwas aber gewiss wäre. Trotz aller von dies haben die sparsamen Deutsch voraus gefälscht.

Catherine hatte Gefallen und Privilegien zu den Deutsch gewährt, dass ihre russischen Themen nie erlaubt wurden, zu genießen. Folglich war ein Geist der Unabhängigkeit je überreicht unter den Deutsch. Diese Gefallen, besonders Befreiung von militärischer Dienst, haben sie fühlen ein kleines gemacht das überlegen ist nach ihren russischen Nachbarn, und ihm hat verursacht Verstimmung.

Ihr Freund Catherine II war tot jetzt und ihre Nachfolger waren nicht sehr mitfühlend nach den stolzen und hartnäckigen Deutsch. Am 13. Januar 1874 ist Alexander II an einem Gesetz vorbeigegangen, das es erforderlich für die Deutsch macht, in der russischen Armee anzuwerben. Unruhenausbreitung schnell durch die Kolonien und die Siedler haben begonnen, zum Westen auf der Suche nach einem neuen Traum anzuschauen.

Die endgültige Reihenfolge für Einberufung ist am 24. November, 1874 gekommen, und Einberufung sollte sofort für Männer zwischen den Altern von sechzehn beginnen und vierzig, und die Mindestzeit, zu dienen, war sechs Jahre; alle Zeit, ohne irgendeinen Urlaub gedient zu werden. Dies zu sagen, dass das wenigste eine Aufruhr verursacht hat.

Zu diesem Tag dort bleibt eine Kontroverse bezüglich der wahren Bedeutung von der Interpretation von „Freiheit von militärischem Dienst". Es gibt 3 solche Interpretationen: Einige lesen es zu sagen, dass es bedeutet, dass die Freiheit fortwährend ist, andere sagen, dass es 100 Jahre dauern sollte, und noch ander sagt, dass die „Freiheit" ebenso lang dauern würde, als die Einwanderer haben in Russland gelebt.

Die Deutsch haben protestiert und Alexander II hat das Gesetz revidiert zu erlauben, dass sie eine zehn jährige Gnadenfrist in die russische Armee anwirbt. Sie waren frei, das Land mit zu verlassen, wenn sie gewählt haben, so mit nur einer Bedingung zu machen; jede Person muss eine zehn Prozentsteuer auf allen Eigentum zur Regierung bezahlen, bevor sie das Land ungehindert können.

Erhalten hat der Reisepass erfordert, dass die Personen ernst schwören dass sie ihre ganzen Schulden bezahlt haben, und war unter keiner Vorladung vom Gesetz. Dies, durch zwei drittel von der Gemeinde die Anwendung bejaht zu werden, wurde dann zu den Regierungsbeamten für einen

Reisepass gemacht.

Die Idee, das Land zu verlassen, war für am meisten ein vorausgegangener Schluss, das einzige Ding, die verlassen sind, um zu entscheiden, war wo zu gehen zu? Die Kolonisten haben Informationen über andere Länder gebraucht aber der Weg, das zu machen, sollte wirklich eine Abordnung im Ausland schicken, Regierungen, Klima, und die Geografie von den neuen Ländern zu untersuchen.

Balthasar Brungardt und Peter Dreiling hat eine Versammlung an Herzog in der Feder von 1874 verlangt, und sie haben Delegierte von allen Kolonien eingeladen. Ungefähr 3000 Leute haben die Versammlung besucht und die Diskussion, nach Amerika einzuwandern, hat begonnen. Merkblätter wurden gelesen und haben erklärt, war die Mehrheit in Gefallen, dem neuen Land Delegierte zu schicken.

Fünf Forscher wurden gewählt: Nickolas Scham von Graf, Peter Leiker von Obermonjou, Joseph Ritter von Luzerne; Peter Stoecklein von Zug, und Anton Wasinger von Schoenchen. Die Partei hat Katharinenstadt verlassen und ist nach Hamburg gereist. Herr Weinberg von der Hamburgeramerikanerschifflinie hat sie überredet, direkt zu den Vereinigten Staaten fortzufahren.

Sie sind an Burggarten in New York im Sommer von 1874 angekommen. Sie wurden von einem Herrn Koelble, auch eingestellt durch die gleiche Schifflinie begrüßt. Sie sind in New York für zwei Tage mit einem Herrn Schneider und dann köpfig

160

aus für den Mittleren Westen geblieben. Sie sind durch Büffel, Chicago, Omaha, und dann Lincoln Nebraska gereist. Von Lincoln sind sie zu Sutton gegangen und haben das Land vermessen.

Nachdem zwei Tage sie nach Russland Nehmen mit ihnen eine Pfunderde zurückgekehrt sind, ein Präriengras, Papiergeld, und alle Sorten der Literatur. Die Berichte versprachen und das Folgende Jahr, das eine andere Reise von Jacob Bissing und Jacob Exner gemacht wurde, der diesmal zu Topeka, Kansas reist. Sie wurden mit westlichem Kansas nicht beeindruckt und der negative Bericht hat die Begeisterung von den Leuten ein wenig unterdrückt.

Es war eine herzzerreißende Entscheidung für einige zu machen; verlassend was war vertraut für das unbekannte oder schloss die russische Armee an? Am Ende das am meisten ist von den Kolonisten werden gewählt die für Fahren nach Amerika und für mehrere Jahre es gab einen ständigen Bach der Auswanderer kommend in Ellis Insel.

In 1876 eine Gruppe von dreiundzwanzig Familien, werden angehäuft die in ihre Wagen und für Saratov geführt hat. Nachdem dort sie ihre Wagen zu die zurückbleiben verlassen haben, und hat den Zug bestiegen, der Südwesten durch Russland und in Polen führt. Von Warschau dem Zug hat das Land von ihren Vorfahren eingetragen, windend seinen Weg durch mehrere kleine Städte und Wälder. Die Leute nahmen es alle in, sehend verschiedene Flüsse und Szenerie, und sogar eine

Burg auf der Seite von einem Hügel an, der zwischen einigen Bäumen angeschmiegt wird. Sie haben bald bemerkt, dass ein Dunst in der Entfernung von Berlin, die Hauptstadt des Bismarck das Deutschland kommend. Die Passagiere, die hier am Berlin Bahnhof ausgeschifft werden, einen kurzen Rest von der Reise zu nehmen, und ihre Karten für den nächsten Teil von der Reise zu prüfen. Mit nur ein paar Stunden auszustrecken und zu ruhen, sie haben zurück auf auf dem Zug beladen und sind in Richtung Norden für Bremen gefahren.

Es gab noch eine gute Entfernung zu gehen aber die Reise war interessanter geworden. Die Szenerie durch Deutschland hat den Passagieren einen Blick der Marksteine gegeben, ungleich der verwüstet steppes sie zu erblicken, war nur durch gereist. Es gab Hügel, Flüsse, Burgen und Dome mit großen Türmen; es war eine Quelle der Bewunderung.

Als der Zug neared, den die Station in Bremen den Geistern gestiegen ist. Sie haben über hier für drei Tage aufgehalten und der Rest wurde willkommen geheißen. Als sie ab dem Zug geschritten sind, eine Menschenmenge, die um gesammelt worden ist, diese fremden Leute zu beobachten, die eigenartig angekleidet haben. Sie haben nicht kaum mit irgendjemand gesprochen, obwohl sie die Sprache verstanden haben.

Sie haben in ein fünf Geschichtenhotel, es war das größte Gebäude geprüft, das irgendein auf ihnen je in und es gewesen waren, war schwierig für sie, ihren Weg herum zu finden. Eine Mahlzeit mit

Bier wurde gedient, nachdem sie angekommen sind, und dann die meisten von ihnen haben für den Abend pensioniert. Sie waren müde von der Reise aber waren auch ruhelos die ganze Nacht lang an der Ozean denken, dass sie bald kreuzen müssten.

Morgens am meisten ist zu Masse in einer katholischen Kirche nahe durch gegangen, gehend zu Geständnis und Nehmenumgang. Der Storch war nicht untätig entweder, war ein Söhnchen geboren in Bremen.

Am letzten Abend in Bremen den Frauen hat gewaschen und hat einige Kleider ausgebessert und die Kinder wurden darin behalten so als nicht verloren zu werden. Die Männer aber, ist zur nächsten Schenke für ein kleines Bier und Lied gegangen, die Kante ab zu nehmen. Jenen Abend ist ein Mann von der Dampfschifffirma zum Hotel gekommen, den Leiter von der Partei zu informieren, die die ganzen Ausgaben auf dem Schiff im Fahrgeld miteingeschlossen werden würde. Dies war gute Nachrichten für eine Änderung und es hat ein rundes von Bier verlangt.

Sie würden nicht bald ihren Aufenthalt in Bremen, der Hauptplatz der Stadt hat überrascht vergessen, dass sie endlos und die Stadt viele große Gebäude gehabt hat; es war eine schöne Stadt.

Morgens haben sie auf dem Zug für das letzte Mal erhalten, zu Bremerhafen zu führen, die Reise die die Hafenstadt hat nicht genommen lang und sie waren dort, bevor sie es erkannt haben. Das mächtige Schiff war ein Sehvermögen, zu erblicken, aber es war das Sehvermögen vom großen Ozean, der sie erschrocken hat. Einige sind blass geworden, während andere wörtlich in Risse bersten. Einige von den Frauen geschreien und Kinder haben geweint aber es war nicht Zeit, nachzugeben. Die Männer haben sie durch die Arme genommen und sind sie die Planke hinunter und auf das Schiff gelaufen.

Des Schiffs pfeift hat geblasen, während es durch die Wässer geschnitten hat. Das Boot hat nach dem Ärmelkanal für die Ufer von England gesegelt. Während der Reise sind sie einem Sturm in der Mitte von der Nacht begegnet. Die Schwellungen sind stärker gewachsen und das Schiff hat hin und her ein kleines gerollt, das verursacht, dass das Gepäck herum und Machen der Passagiere krank schiebt. Der Sturm hat ein paar Stunden vor der Stille zurückgekehrt gedauert, war es eine andere schlaflose Nacht.

Das Schiff hat England am Bruch von Tag erreicht und es wurde bis Mittag gedockt. Beladung und Entladen haben stattgefunden und bald sie waren bereit, von Dock auszuziehen. Die meisten von ihnen standen auf dem Deck, das dem Land zuschaut, schwindet in die Entfernung als das Schiffsatzsegel über die ruhigen ruhigen Wässer. Sie waren nicht ängstlich mehr, waren sie vereinbart zum unbekannten geworden, segelten sie für das „Versprochene Land".

Kapitel 8

Das Versprochene Land

Nachdem drei Tage auf dem Atlantik es Anzeigen schlechten Wetters gab. Matrosen sagten Stürme voraus und auf dem Abend des dritten Tags, die Wolken haben gesammelt und schwerer Donner hat ankündigend den Sturm gespalten, der kam. Die Winde waren stark verursachen, dass riesige Schwellungen und Wellen ins Schiff stürzen, das es macht, knarrt und stöhnt. Die Passagiere waren unter Deck in ihren Vierteln, beten die und den Rosenkranz betend. Einige sind krank mit dem Schiff geworden, alle ungefähr, fast geschluckt durch die Wellen geworfen zu werden.

Der Sturm war intermittierend bis den Morgen des neunten Tags, hat dann das Wasser wieder beruhigt. Es war gut für die Passagiere, auf das Deck wieder zu Atem die frische Luft zu erscheinen. Die privaten Viertel waren klein und stickig mit kleiner Belüftung.

Die Einwanderer haben Stehen auf dem Deck neben dem Geländer stundenlang unter dem hellen blauen Himmel genossen. Sie haben dem Fisch im Wasser, der Ozean wurde ausgebreitet zugeschaut, bevor sie ein grünliches mögen, hat Spiegel gefärbt. Die Reise war lang und gefährlich mit vielen Mühsalen gewesen, auszudauern, aber die Reise wurde eine Freude. Der Storch hat wieder gestört und ein Söhnchen war geboren in Mitte vom Atlantik. Es gab selbstverständlich eine Feier, dass Ausbreitung über das Schiff, ein kleines Fass des Biers abgezapft wurde, und Toaste wurden gemacht. Der Schiffkapitän hat die Eltern vom Jungen einem Blatt Papier angeboten zu unterzeichnen, der den Jungen berechtigt hat, Durchgang zu irgendwo in der Welt zu befreien; sie haben nicht vertraut, dass es und es nicht unterzeichnet hat.

Auf dem Morgen des 13. Tags hat jemand Land zum erstem Mal befleckt verlassend seit England. Es war nur ein paar Flecke auf dem Horizont und durch das Ende vom Tag eine Kette von Hügeln und Berggipfel sind in Sicht gekommen. Morgens hat das Schiff es gemacht zu stützen und hat Anker fallen lassen. Die Einwanderer mussten an Bord das Schiff noch ein Tag bleiben, durch Doktoren untersucht zu werden, bevor sie ausschiffen könnten. Jenen Abend war jeder draußen auf Deck bewundernd die großen Gebäude und die Blendenlichter von der Stadt. Geister waren hoch und vieler kaum hat geschlafen jene Nacht, neben sich mit Freude diesmal, statt neurotischer Angst.

Sie haben alle ein frühes Frühstück morgens gegessen und das ein durch Ein sie haben ihr Eigentum gesammelt; einige mit Babys in Armen sind die Planke hinunter auf zu Amerikanisch Erde gelaufen, „Das Versprochene Land". Das nächste Reiseziel war zum nächsten Bahnhof. Nachdem dort sie gesehen haben, dass ein langer schwarzer Zug wartend, sie über Land nach Kansas zu nehmen. Die Lokomotive hat Rauch und Flamme gespuckt, als es in der Mitte von der Nacht ausgezogen hat, wurde der erste Teil vom neuen Land in Dunkelheit bedeckt.

Morgen ist schnell und mit ihm die Blicke von Hölzernhäusern, Kirchen mit großen Spitztürmen, gepflügte Felder und Reihen von Maisschocks gekommen. Sie haben, dass einige beschäftigten Mühlen und Fabriken gesehen und sind an durch einige Wasserfälle auch vorbeigegangen. Der Zug hat weiter über das Land gedonnert und über überbrückt hoch über verschiedenen Flüssen.

Schon frühzeitig Sonntag ein Morgen, den sie den mächtigen Mississippi Fluss erreicht haben, hatten die Auswanderer von ihm gehört bevor und haben gedacht, dass es ähnlich zu das vom Volga wäre. Sie wurden am Sehvermögen vom schlammigen Wasser enttäuscht aber die Größe hat sie beeindruckt. Die Brücke, die das Mississippi auch überspannt, verblüffte zu ihnen, hoch genug für die Boote, an darunter vorbeizugehen, und breit genug für Fußgänger und Wagen, auf den Seiten ebenso zu reisen, war es überwältigend zu ihnen.

Die Auswanderer haben eine eine Nacht Zwischenstation in Str. gehabt. Louis, als die Züge am Sonntag nicht gelaufen sind. Die neuen Siedler sind auf dem Zug das ganzes Mal geblieben, wollen nicht sich hinauszuwagen und sind hinter verlassen. Sie machten diese Reise, ohne fähig zu sein, ein Wort von Englisch zu verstehen, gab es ein Gefühl der Unruhe ständig mit ihnen wegen es.

Zu Mittag am Montag wird der Zug von Str. ausgezogen. Louis und ist in Richtung Westen über

Kansas Stadt gefahren, wo sie eine zwanzig geringfügige Zwischenstation gehabt haben. Sie haben ein Landagent dort durch den Namen von Herrn Roedelheimer getroffen, der dort zu war, hat getroffen die Auswanderer und hat sie für die restliche Reise begleitet. Der Zug chugged auf zu Topeka, dann zu Salina, wo sie erzählt wurden, dass sie fast am Ende von der Reise waren. Die Leute waren so glücklich sie haben gekniet hinunter und haben den Rosenkranz gebetetAls sie von ihren Knieen gestiegen sind, hat der Führer „Russel" herausgerufen.

Wenig machte sie wissen, das neue Land das sie waren kurz davor, Heim zu rufen, wäre keine leichte Aufgabe für sie, zu erobern. Die Sommer waren lang und heiß, und der winter fast ebenso grimmig als jene sie haben hinter in Russland verlassen. Die Sode musste gebrochen werden und musste für Pflanzen; es Überfluss der Arbeit vor ihnen mit keiner Zeit vorbereitet werden gab, zu verschwenden.

Zum zweitem Mal in einen hundert Jahren haben diese Deutsch alles riskiert das sie haben gehabt auf einer Idee, eine Idee, die die Zukunft besser für die Generationen sein könnte, nachdem sie. Eine Idee der Freiheit die ähnlich ist zu dass der hat gezwungen Männer ein Jahrhundert bevor alle zu riskieren. .

Kapitel 9

Gebäude ein neues Leben

Abends von am 28. April, 1876, gab es etwas besonder in Geschäft für das Englisch von der Prärie: Der Zug zu Victoria, die mit ihm einige Ankünfte gebracht worden ist, der ungewöhnlich und ausländisch erschienen ist, und die Brite wurden am Sehvermögen amüsiert. Vier Autos vom Zug wurden mit diesen fremd angekleideten Leuten gefüllt. Als der Zug zu einem Halt gekommen ist, der erste Mann zu schreiten trug ab eine runde pelzgetrimmte Kappe. Dreiundzwanzig Familien, werden entladen die vom Zug und ihre Karten gehabt hat, die auf das letzte Mal geprüft worden sind.

Das Englisch deutete und verspottete während Reden in aufgeregten Stimmen, als sie gehört haben, dass fremde gutturale Klänge, die von der kleinen Menschenmenge die nur kommen, von Gott weiß angekommen ist, wo.

In ihren Monaten von reist die Deutsch sind geworden gewöhnt fühlend zu auffallend und macht sich lustig über das jetzt, war es unwichtig. Sie waren müde, haben abgenutzt, und Schutz war die Hauptangelegenheit im Augenblick.

Sie brechen die eine Stelle auf, die vorher von den Abordnungen gewählt worden ist, die früher angekommen waren. Sie haben die neue Gemeinschaft „Herzog", nachdem das Dorf gerufen, das sie von in Russland gekommen waren. Einige hatten Werkzeuge mit ihnen gebracht, und eine kleine Versorgung des Bauholzes war gekauft worden, bevor sie so angekommen sind, sie konnten Arbeit sofort auf Bauenhäusern beginnen. Es gab ein paar von den neuen Siedlern, die viel nicht gehabt haben, mit so sie zu bauen, mussten bauen die „russischen Stileunterstände", genauso wie ihre Vorfahren ihr erstes Jahr auf dem Steppes gemacht hatten. Die Suche für Anstellung hat sofort begonnen, wurden ein paar vom Kansas pazifischer Eisenbahn eingestellt.

Alois Dreiling war das erste von den neuen Siedlern, ein ansehnliches Heim des Holzes zu bauen. Als das Haus vollendet wurde, hat er es für religiöse Dienste am Sonntag angeboten. Auf, bis dann massen an einem Kreuz in einem nahegelegenen Grundstück gehalten wurde. Als mehr und mehr Einwanderer, die in Ellis Bezirk gegossen werden, könnte das Dreiling Heim die Leute nicht halten. Alois hat ein mageres zu auf der Seite vom Haus gebaut, die ganzen Mitglieder von der Gemeinde anzupassen.

Die ersten Dörfer, eingerichtet zu werden, waren Herzog, Liebenthal, Catherine, Pfeifer, Munjor, und Schoenchen. Die Neuankömmlinge, die Geld gehabt haben, das über von der Reise verlassen worden ist, konnten homesteading und Landwirtschaft sofort, andere beginnen, dass Geld nicht gehabt hat, das über gesuchter Anstellung unter dem Englisch verlassen worden ist. Viele von den Frauen gewaschen und hat für das Englisch gebügelt und die

Männer wurden auf mit den Eisenbahnen, die Kansas Pazifik und die Santa Fe eingestellt. Die Arbeit hat sie alle über, besonders aus Westen genommen. Die Arbeit war jahreszeitlich und die Männer würden monatelang auf einmal gegangen werden. Als eine Jahreszeit über für die Männer war, die nach Westen gegangen sind, hat die Eisenbahnfirma sie in Denver fallen lassen. Das ist zurück zu Ellis Bezirk, eine Entfernung von über 300 Meilen gelaufen. Es war lang und gefährlich mit Verbrechern und wilde Tiere, mit zu behaupten. Einige sind krank geworden und haben nie, das derjenig, die machten, wilder Anschauen und Hälfte verhungert sind zurückgekehrt waren.

Die Deutsch machten nur dies, bis sie genug Geld gehabt haben, homesteading ihr Land anzufangen. Es war eine Mühsal auf der ganzen Familie aber sie haben zusammen gezogen.

Als die Landwirtschaft begonnen hat, haben die Siedler die alte Sitte des Bewegens zu ihren Bauernhöfen im Sommer fortgesetzt, der manchmal mehrere Meilen weg vom Dorf war. Sonntag hat machende Morgen Masse an 10:00am bedeutet, dass das Aufstehen von an 4:00am nur, dort pünktlich zu werden. Solch war die Leben von den Siedlern das erstes Jahr, ist nichts leicht gekommen. Sie haben durchgehalten und haben Wurzeln hingestellt die rechtzeitig, gemachten Leben für die Generationen zu kommen ein kleines besser.

Kapitel 10

Der Dreilings in Kansas

Am 3. August 1876 sind mehr Auswanderer in Ellis Bezirk angekommen. Unter diesen waren Peter und Maria Dreiling, (meine großen, großen Großeltern). Ander Dreilings war Johannes Peter Dreiling, Franz Dreiling, Michael Dreiling, Johannes Dreiling, Elizabeth Dreiling und Paulina Dreiling. Ellis Bezirk ist ungefähr dreißig Meilenquadrate und, den es etwas Norden und Westen vom Nördlichen Teil von zentralem Kansas aufgestellt hat. Der Salzhaltige Fluss läuft durch den nördlichen Teil vom Bezirk und der Smokey Hügel Fluss windet seinen Weg durch den Süden. Der Bezirk wurde in Ehre von Leutnant George Ellis vom 12. Kansas Fußtruppen genannt, die in der Schlacht von Jenkins Fähre in Arkansas getötet wurden, am 30. April, 1864.

Das zweite die größte Gruppe der Einwanderer, in zu beseitigen, und um Ellis Bezirk war der Plattdeutsch, die Niedrigen Deutsch. Diese Gruppe der Einwanderer ist Form die Provinz von Hannover, schließt zum Holland Rand gekommen.

Der Plattdeutsch ist beseitigt worden der vorübergehend in Ohio und Kentucky aber der Köder vom Westen hat sie den wilden Prärien von Kansas gebracht. Diese Gruppe von Deutsch verdient ganz viel Kredit für den Wohlstand in Ellis Bezirk.

173

Sie haben um verschiedenartige Landwirtschaft gelernt und haben jene Kenntnis mit ihnen gebracht, als sie angekommen sind. Sie waren eifrig und sparsam, der ihnen geholfen hat, gut eingerichtet zu werden,.

Die Volga Deutsch und der Plattdeutsch sind zu Kirche gegangen und Schule zusammen, haben ein begrenztes Geschäft mit einander geleitet aber auf einem Ganzen, haben sie ihre Entfernung beibehalten. Die Gründe für dies sind unklar; es hätte wegen der Unterschiede in den Sprachen sein können, oder vielleicht es war wegen eines Gefühls der Erhabenheit seitens der „wirklichen Deutsch" nach jenen vom Volga. Für das erste Paar der Generationen war Mischehe sehr selten zwischen diesen zwei Gruppen aber fünf Generationen später, viele von den deutschen Nachkommen in Kansas haben keinen Anhaltspunkt, ob sie Plattdeutsch oder Volga Deutsch. sind.

Peters und Maria Dreiling haben einen Sohn durch den Namen von Johann P. Einem gehabt. Dreiling, der erst Volga deutsch geboren in Kansas in der Familie Dreiling. „John", als er bekannt geworden ist, war ein strenger Mann. Er und seine Ehefrau Pauline haben gute Landwirtschaft erden lassen und machte gut. Späteres Öl wurde auf dem Ackerland, schließlich entdeckt, fünf Brunnen in allen herzustellen.

Pauline (Lang), ist die Ehefrau von John, an Ellis Insel, New York in 1899 angekommen. Im Alter von 18, wurden sie und John in Victoria, Kansas geheiratet. Nachdem die Hochzeit, das zwei gereiste durch Wagen zu Lacrosse, stellen Kansas (ungefähr 20 Meilen) ihre Hochzeit, genommen zu lassen,. dar.

John und Pauline haben 11 Kinder gehabt. Das zweite war der älteste Sohn, Raymond, mein Großvater. Er hat meine Großmutter Marcella Walter, vom Dorf von Catherine, Kansas geheiratet.

Die Deutsch von Herzog gearbeitet hart, hat hart gebetet, und hat hart gefeiert. Sie wurden als enthaltsam und hart in Geist bedacht. Die Deutsch von Catherine durch Gegensatz waren sanfter in Natur aber fleißig nur das gleiche. Sie haben Häuser, Bauernhöfe und Kirchen gebaut. Einer der meisten Brunnen bekannt, Str. Fidelis, „der Dom von den Prärien" wurde in 1908 begonnen und wurde vollendet und hat in 1911 gewidmet. Die neuen Siedler bändigten die wilden Prärien von Kansas aber sind dort noch Überfluss der Herausforderungen geblieben, die verlassen sind, um zu kommen.

Kapitel 11

Das 20. Jahrhundert (Ray und Marcella)

Ein neues Jahrhundert war gekommen und die erste Generation von Volga Deutsch war jetzt alt genug, Familien von ihrem eigenen anzufangen. Die Siedler hatten noch mit dem Englisch und nicht eingegliedert, das sie fast vollständig zu sich behalten haben. Leben begann, etwas für die Deutsch an der Drehung vom Jahrhundert zu verbessern, aber nichts könnte sie vorbereiten, für was voraus liegt.

Meine Großmutter, (Marcella Walter), war geboren am 15. Februar 1911 in Catherine Kansas, war sie am ältesten von 13 Kindern. Mit ihren Eltern arbeiten die sie hat gehabt die Verantwortung des Zuschauens nach den anderen Kindern. Zeiten war hart und jeder, der arbeiten könnte, hat so gemacht.

Ihre Mutter Monica ist im Alter von 39 gestorben, verlassend 12 Kinder hinter. Monica und ihre junge Tochter Miriam hatten ein Heim hat gekonnt grüne Bohnen gegessen ohne sie zuerst zu erhitzen. Die grünen Bohnen wurden und verdorben beide sind infolge Botulismus gestorben. Die Mutter Monica ist zuerst gestorben; Miriam ist der Folgende Morgen gestorben. Alle Familie hat die Beerdigung besucht aber die jüngeren Mädchen haben auch nicht Schuhe gehabt, so sie zu tragen, sind im Auto während des Gottesdienstes geblieben.

Mehrere Jahre spätere Tragödie hatte die Familie von meiner Großmutter besucht; Ein von ihr kleinen Schwestern hat Diphterie verkürzt und ist in ihren Armen gestorben.

Marcella ist einschulen gegangen, bis der 6. Grad; sie zu Hause notwendig wurde, zu arbeiten und das ist nur der Weg, den es war. Sie war am ältesten und hat die meiste Verantwortung gehabt, erhebend praktisch die restlichen Kinder.

Sie hat meinen Großvater Raymond Dreiling am 14. Mai 1929 geheiratet. Sie haben mit seinen Eltern eine Weile gelebt und hier wieder sie hat gearbeitet wie ein Biber, als diese Familie zehn Kinder gehabt hat.

Raymond war geboren am 6. Januar 1908 in Victoria (Herzog), Kansas. Ich mache viel um meinen Großvater nicht sehr, als er daran vorbeigegangen ist, bevor ich geboren war. Was ich verstehe, ist, dass er gut mit seinen Händen war, und war ein guter Mechaniker. Er hat am meisten von seinem Leben ebenso bewirtschaftet und er mochte die Fiedel spielen. Er hat Sekundärschule, ziemlich eine Leistung für die Zeit beendet.

Meine Großeltern hätten nicht wissen können, dass das Jahr 1929 der Anfang von mehrerem Versuch Jahr wäre, zu kommen. Ich bin gewiss, dass sie gedacht haben, dass Leben leicht nicht wäre, aber wer hätte sich den Börsenmarktsturz jenes Jahr und die wirtschaftliche Krise vorstellen können, die in seinem Kielwasser folgen würde?

Dennoch ist Leben weitergegangen und sie haben eine Familie von ihrem eigenen gehabt. Alle durch die dreißiger Jahre und in die 1940er Jahren, waren sieben Kinder und alle geboren zu Hause. Oma ist nie zum Krankenhaus gegangen.

Das jüngste, Joseph Raymond, ist bald nach Geburt gestorben. Die Lieferung war sehr schwierig für Oma und sie hat fast ihr Leben auch verloren. Oma erlangte von der Geburt und dem Verlust von einem Kind wieder und es war Ernte Zeit nein weniger. Sie war nicht lang im Bett und sie war aus Arbeiten der Felder. Ich bin sicher sie hätte viel bevorzugte mehr Bettruhe aber das war keine Option. Der Wille, zu überleben, war stärker und ihr Wunsch, wiederzuerlangen.

Kapitel 12

Norman, das älteste

Am 5. März 1931 während der Spitze von der Großen Depression, hat meine Großmutter ihr erstes Kind und Sohn; mein Vater, Norman Joseph geboren. Es hatte Rechtohrfeige in der Mitte von der Großen Depression, als meine Großmutter hier zuerst Kind und Sohn geboren hat; mein Vater, Norman Joseph.

Die Wirtschaft versagte; Ernten wurden von Dürre und Insekten und dem großen Trockengebiet von Kansas waren zerstört, wie Wirbelstürme von Wind und Sand über das Land reißend.

Es war eine unversöhnliche Zeit in der Geschichte von Amerika, wurden die Hoffnungen und die Träume von viele zerschmettert. Es gab waren massive Arbeitslosigkeit und Leute mittellos mit nein wo zu gehen oder sogar Schlaf. Kaum hat irgendjemand gewusst, welche Seite auf und noch Lebens weitergehen musste war.

Im Mai von 1943, haben Ray und Marcella von Ellis zu Chapman, Kansas bewegt. Ein kleiner irischer Gemeinschaft ungefähr 80 Meilenosten. Bis diesmal Norman hat einen Bruder und vier Schwestern gehabt, sind sie; Marvin, Lorraine, Mary Jean, Patricia (Patsy), und Charlene.

Bewegen von einer deutschen Gemeinschaft, wo jeder Deutsch außer in der Schule zu Chapman gesprochen hat, war keine leichte Regelung für die Kinder. Ihr Englisch wurde sehr gebrochen und sie wurden vermieden und wurden über durch die anderen Kinder täglich gelacht. Die anderen Studenten hatten versehentlich gedacht, dass sie langsame Anfänger waren. Mein Vater wurde zurück einen Grad gehalten, weil Englisch langsam für ihn gekommen ist. Dies hat zu meinem Onkel Marvin und meinem Vater geführt, die in Kämpfe mit den anderen Kindern ankommen, Charlene sagt, dass sie ein Kopf meistens herausgekommen sind.

Leben begann, auf ein kleines bis diesmal zu erleichtern, als es mehr Hilfe auf dem Bauernhof gab. Die Hausarbeiten waren hart aber überschaubar. Vater und Marvin haben in den Feldern gearbeitet und die Oma und Charlene haben die Kühe gemelkt. Wäscherei wurde mit der Hand auf einem Wäschenausschuss mit Laugenseife geschrubbt. Charlene sagt, dass sie sich an die Fingerknöchel ihrer Mutter erinnert, blutend vom ganzen Schrubben.

Zurzeit hat die Familie einige Pferde, für welchen Vater immer hat gehabt eine Liebe erlangt. Jene Liebe hat der Rest von seinem Leben gedauert. Er hätte schließlich etwas von seinem eigenen, das meine Brüder und Schwestern Fahren genossen haben. Obwohl er hatte verkauft unser bis ich geboren war, lassen Nachbarn von unsr Vater und ich fahre ihre Pferde. Ein besonderes Pferd das ich mich erinnere an, gerufen Rot, war ein riesiges Tennessee Walker. Während ich zurückrufe, Vater und ich bin Rot in der Chapman Tag der Arbeit Parade gefahren, als ich herum 3 war.

Als Vater alt geworden ist, war er gut an Sport aber hat kleine Zeit gehabt zu spielen, als zu arbeiten zuerst gekommen ist. Er war am ältesten und die Verantwortung ist zu ihm gefallen und er war der „Chef", als die Eltern gegangen wurden. Gleichzeitig haben die ganzen Kinder im gleichen Bett geschlafen und mussten seitwärts über das Bett legen, damit sie alle passen könnten. Als Vater bewegen wollte, würde sagen er „Rolle über"! und jeder würde herumdrehen.

Mein Vater war ein stolzer Mann; ich verstehe, dass als Zeiten besonders hart war, und es gab nicht genug Speise, ein Mittagessen für Schule einzupacken, die er einen leeren Sack nehmen würde, so die anderen Kinder einzuschulen, würden nicht wissen, dass er nichts gehabt hat, zu essen.

Vater hat Fußball gespielt und ist Spur in Sekundärschule gelaufen, war er nicht schlecht. Nachdem wenige Jahre, nachdem er einschult, hat die Armee angeschlossen und hat drei Jahre gedient. Er wurde in Fuß stationiert. Benning Georgia und ist Schule Springen gegangen. Ich erinnere mich ans Sehen von den genauen Türmen, dass er davon gesprungen ist, als ich dort stationiert wurde, nachdem ich die Armee angeschlossen habe.

Nachdem er ist gekommen nach Hause von der Armee die er sich hat getroffen und meine Mutter datiert hat, Shirley Myers. Sie wurden im Februar von 1956 geheiratet. In 1957 haben sie ihr erstes Kind gehabt, meine älteste Schwester Susan. Bald um zu folgen, waren Cheryl, Brenda, Dana, Steve, John, und schließlich mich.

Kapitel 13

Aufwachsen 100 Jahre Später

Im Mai von 1972, war ein dritter und endgültiger Sohn geboren zu Norman und Shirley. Bevor ich war ein Jahr alt ich mit Wirbelsäulenmeningitis diagnostiziert wurde, und ist beinahe gestorben, aber außer dies, alle von uns macht Spaß ist aufgewachsen gesund und stark.

Leben für den Dreilings war ein langer Eingang die 94 Jahre gekommen, seit meine ersten Vorfahren Fuß auf diesen Kontinent setzen. Sie haben ihre Leben mit Landwirtschaft begonnen aber Technologie und Industrie haben größere Stellenangebote gebracht, die Leben machen, das leichter sind für unsere Familien.

Ich erinnere mich an meinen Vater, der viel arbeitet, als ich, infolge aufwuchs, dass er nicht gehabt hat, während viel Zeit für uns mache Spaß. Er hat die ganze Woche und manchmal Samstag gearbeitet. Sonntag war ein Tag des Restes; ich erinnere mich an ihn nicht, der viel von irgendetwas an jenem Tag macht geht außer zu Kirche und entspannend nachher.

Manchmal am Samstag Morgen würde er mich nehmen, mit ihm am Fluss hinunter zu fischen. Ich war sehr jung zu der Zeit und er müsste mich tragen, wenn wir kreuzen müssten. Er würde mich auf auf seiner hinter schleudern und würde den fischenden

Gang und den Spaziergang durch das Wasser ergreifen. Ich habe auf dicht gehalten, sehend, dass das schnelle eilende Wasser tschüs geht, war es ein kleines Erschrecken.

Vater hat mich genommen, auch zu jagen, handelte ich vom gleichen Alter, auch nicht groß genug, eine Gewehr viel weniger Erschießung Ein zu halten. Aber ich durfte die Hasen oder die Fasane tragen, die er getötet hat, von was es würzt, war hängend ab. Das war genug, so weit wie ich wurde angegangen ich half aus.

Er hat mich sehr früh in Leben um die Begriffe von Recht und falsch gelehrt; um Verdienen, was Sie und die Schätzung davon haben. Ich habe durch Zuschauen meines Vaters, er nie haben gesessen mich hinunter gelernt und haben mir eine Sprache um Recht und falsch gegeben. Er hat es gelebt und hat das gleiche von seinen Kindern erwartet. Es gibt ein tiefes Gefühl der Befriedigung sogar heute, wenn ich an diese Werte denke, die zu mir an einem jungen Alter gelehrt wurden. Ich habe nicht immer gewählt, rechts zu machen, als ich mit der Wahl überreicht wurde, aber am häufigsten, habe ich ohne einen Zweifel gewusst, was Recht hatte.

Meine Mutter hat auch uns mache Spaß ungefähr gelehrt, was hatte Recht und falsch aber es verschieden mit ihr war, würde sie einfach uns was sie hat erwartet und wenn wir, nicht zugehört haben dann sie Vater es mehr deutlich zu uns erzählen lassen erklären. Das war etwas das Sie haben nicht gewollt, war für Vater, Ihre Ungezogenheit behandeln müssen. Es hat mich lang nicht genommen, das zu lösen!

Vater würde mich mit ihm nehmen, manchmal zu helfen, als er eine Aufgabe bearbeitete. Ich sage Hilfe aber wirklich es war mehr wie Babysitten. Alles, das ich wirklich machen könnte, war Halt etwas, das an der richtigen Stelle oder erhalten hat, erhält ein Werkzeug. Zurückdenken, ich bewundern wirklich die Geduld, die ich sicherlich zur Prüfung stelle. Als ich älter geworden bin, und konnte tatsächlich, zu helfen, habe ich nicht nur ungefähr Zimmerarbeit, aber um meinen Vater ebenso gelernt. Ich habe nie gesehen, dass irgendjemand solchen Stolz in ihrer Arbeit nimmt, noch habe ich zu der Zeit gemacht verstehe.

Als ich jung war, würde ich sehen, dass mein Vater auf Anlasswahl auf seinen Tisch gesehen und es ins hintere von seinem Lastwagen allein belädt, besetzt, der überwältigend war. Ich wollte immer sein dass stark, ebenso lang als ich kann mich an erinnern. Später in meinem Leben, würden andere das auch ermutigen.

Als ich bin angekommen in junior Hoch und Sekundärschule die ich es Sport teilgenommen habe, Ringen, Fußball, und Spur. Ich habe gewusst, dass Vater Spur gelaufen war, und habe Fußball gespielt, war er athletisch in seinem Tag.

Mein Bruder John hat Fußball vor mir gespielt, und hat gut dabei gemacht. Er hat mit Gewichten ausgebildet und ist sehr stark und athletisch geworden. Er ist der Ball hart gelaufen und die Trainer haben gekannt, es ihm in entsetzlichem situations. zu geben.

Ich war ungefähr 12, als John mich zur Turnhalle genommen hat, das erstes Mal zu klappen; wieder ich war beim Ehrfurchtzuschauens jemand abholt etwas schwer. Von dem Tag an wurde ich festgehakt und ich habe begonnen, mit Gewichten so oft wie ich auszubilden, könnte.

Bis ich Sekundärschule erreicht habe, die ich kein großes Kind aber ich war, war stark für mein Alter. Die Trainer hatten gesehen, dass mich das vergangene wenige Jahre ausbilde, und sie haben Erwartungen von mir gehabt, mich wie John auszuzeichnen. Ich war durchschnittlich mein erstes Jahr von Fußball und ringend aber verfolgt war ein wenig leichter für mich. Als jedes Jahr gegangen ist, durch den ich weiter und zu werden besser an Sport ausgebildet habe, zeigte meinen junior Jahr Hochschulfußball Pfadfinder Interesse. Aber es war Vater dessen Meinung, die am meisten zu mir ausgemacht worden ist. Ich würde mit ihm um meine Spiele sprechen und er würde mir seinen Rat geben. Mein junior Jahr des Fußballs, (mein letztes Jahr, als es sich) herausgestellt hat, ist Vater zu mehr von meinen Spielen gekommen. Ein in Einzelheit, die immer unauslöschlich in meiner Erinnerung sein wird, ist das Spiel, dass Chapman Concordia jenes Jahr gespielt hat. Ich habe eine große Leistung gehabt und, den ich zurückrufe, nachschlagen in die Gestelle und das Sehen von Vater und John zuschauend dem Spiel. Sie gemacht dort mich machen will mein Bestes zu werden.

Ein paar Spiele später habe ich eine Jahreszeit gehabt beendet die Verletzung zu meinem linken

Knie und ich habe nie Fußball wieder gespielt. Ich wurde verwüstet aber ich habe nie zu viel ungefähr gedacht, welcher Vater gedacht haben dürfte. Ich bin sicher er wurde enttäuscht und traurig für mich aber er hat nie viel ungefähr es gesagt.

Kapitel 14

Bewegen zu Salina

Im späten Sturz von 1988 hatte meine Schwester Dana meine Eltern überzeugt die sie sollten verkaufen ihr Haus und Bewegung von Chapman, (die Stadt die ich hatte mein ganzes Leben gekannt), zu Salina. Salina war eine wenig größere Stadt mit vielleicht mehr Stellenangebot aber es wurde letzten Endes wegen religiöser Faktoren entschieden.

Ich bin in Chapman für den Rest von meinem junior Jahr der Sekundärschule zurückgeblieben. Meine Eltern, die für Salina verlassen werden, im Januar von 1989 und sie haben mit Dana gelebt, bis sie einen Ort gefunden haben, in zu bewegen. Im Sommer von 1989 habe ich sie haben bewegt zu Salina angeschlossen und bei Beginn vom Schuljahr ich habe keinen Wunsch gehabt, zu besuchen. Eigentlich habe ich entschieden, dass ich aufgeben würde. Fremd hat genug mein ältester Bruder Steve mich beim Besuchen Ell Salzhaltige Sekundärschule geredet. Ich habe zögernd entschieden zu gehen und meine Einstellung war nur, durch das Schuljahr zu erhalten, habe ich kein Interesse bei der Versammlung gehabt oder sozialisierend mit irgendjemand. Als es ich sich herausgestellt hat, habe meine Ehefrau dort getroffen...

Leben war auch verschieden für mich während diesmal, war ich Katholik und die Kirche getauft worden, dass Dana überzeugt hatte, dass mein Elternversuch ziemlich verschieden war, von was wir zu benutzt worden waren.

Die Kirche hat aus dem Minister, Jerry, und seiner Familie, und ein paar andere bestanden, die ich nicht zurückrufen kann. Es nicht' hat viel zu mir zu der Zeit ausgemacht, als ich nur aus Verpflichtung sowieso. besucht habe. Nicht lang, nachdem ich Jennifer ich getroffen habe, habe sie gebeten, mit mir zu besuchen, und sie hat gemacht. Schließlich hat ihre Schwester Sara auch besucht.

Meine Freundin Jennifer und ich haben promoviert und wir haben praktisch jeden Tag jenen Sommer zusammen ausgegeben. Im August hat sie für Hochschule und verlassen, die ich für die Armee verlassen habe.

Kapitel 15

Selbst

Ich habe nie irgendeine wirklichen Pläne gehabt, die Armee anzuschließen, aber Jennifer verließ und in einigen ungewöhnlichen war ich, der gefühlt worden ist, wie ich hinter verlassen wurde.

Mutti und Vater haben mich zum Büro des Rekrutierers hinunter genommen und haben ihren goodbyes, es surrealistisch, ich Heim zum erstem Mal gesagt war verließ und es war weit entfernt von Heim. Vater hat ein lächeln auf seinem Gesicht lassen; er hat meine Hand geschüttelt und hat dann mir eine Umarmung gegeben.

Im Dezember bin ich nach Hause für verlässt auf Grund einer Verletzung gekommen und ich habe Jennifer gebeten, mich zu heiraten; sie hat ja gesagt.

Mein Knie wird gemusst wird bedient das auf wieder und ich wurde die Wahl gegeben, in der Armee oder zu bleiben, wird medizinisch freigegeben. Ich war heimwehkrank und eng gesichtet zu der Zeit; ich habe auszusteigen und gewählt nach Hause hinteres der, zu gehen, eine Entscheidung die, würde kommen ich, zu bedauern.

Im April von 1991, bin ich nach Hause von Fuß gekommen. Benning, Georgia; genau der gleiche Lager, an dem mein Vater gedient hatte, als er in der Armee in den 1950er Jahren war. Ich habe Vater um die Sprungstürme erzählt die waren noch dort und er würde mir Geschichten um seine Tage in der Armee erzählen; ich habe immer Verhör sie genossen.

Als ich Heim zurückgekehrt bin, dem ich nicht geschienen habe, unterzubringen. Ich habe nicht gewusst was ich machen wollte für einen Leben oder, was ich eigentlich machen könnte. Ich bin arbeitend als ein dritter Verschiebungsmanager an einem übermäßigen Markt für mehrere Monate mit meinem Bruder John gelandet. John ist lang nicht geblieben und er hat eine andere Aufgabe an Großen Prärien Herstellend, eine Firma, die gemacht hat, bewirtschaftend Ausrüstungen gefunden. Es hat lang für mich nicht genommen, ihm dort zu folgen, und ich habe begonnen, in der Versammlungsabteilung zu arbeiten, die zusammen die riesigen Pflanzer und die Pflüge stellt.

Es hat gefühlt, wie die erste wirkliche Aufgabe die ich je gehabt habe, und nach einer Weile ich habe vo-Technologie besucht, und habe gelernt, zu schweißen. Schweißen ist natürlich zu mir, Es war heiß, hart, und schmutzig gekommen aber ich habe wirklich es genossen. Ich war zwanzig Jahre alt und ich wurde schließlich etwas gefunden das ich mich interessierte für und etwas das ich war gut an.

Im Herbst von 1992 hatte meine Schwester Dana Schutzeprobleme mit ihrem Ehemaligfreund, Randy Sheridan. Leider haben ihre Probleme in der Rest von jedem sonst lebt übergelaufen. In Dezember jenes Jahres wurde Randy ermordet; Dana und Jerry, die Klosterkirche von der Kirche, die meine Familie besuchte, war die wichtigsten Verdächtigen.

Dies war eine sehr schwierige Zeit im Leben von jedem und sehr hart auf meinen Eltern besonders. Sie haben keine Idee, was geschehen war gehabt, und hätten es sowieso nicht geglaubt. Was gemacht wurde, wurde gemacht, und der Rest von uns musste nur es das am besten wir könnten behandeln.

Im September von 1993, wurden Jennifer und ich in Sonnenuntergangpark in Salina, Kansas geheiratet. Es war ein schöner Tag, einen perfekten Tag, während ich zurückrufe. Es war eine kleine Zeremonie, mein Bruder, den John mein bester Mann war.

Im Januar von 1995, lebten meine Ehefrau und ich mit meinen Eltern und Dinge waren schwierig wirtschaftlich. Ich arbeitete als ein Schweisser, der zu der Zeit macht hübsche gute Löhne aber ich noch habe geschuldet mehr als ich machte, musste etwas ändern.

Helfenden Vater auf verschiedenen Aufgaben hat im Verlauf der Jahre erlaubt, dass mich einige Fähigkeiten lerne, die ich nie an Gebrauch gedacht hatte. Im Vater des 80's hat sein eigenes Geschäft angefangen und eine Weile er hat wirklichen Brunnen gemacht. Ich habe eine Idee gehabt die vielleicht ich könnte arbeiten für mich selbst oder besser noch, Arbeit mit John. Ich habe es mit ihm besprochen und wir haben beendet, dass wir Vater Arbeit mit uns, nach allen haben könnten, hat er die ganze Erfahrung gehabt. Damit ist, was wir gemacht haben. Ich habe meine Aufgabe zu schweißen aufgegeben und ist suchen Arbeit sofort gegangen. Vater, der ich sicherer Gedanke bin, der ein wenig unbekümmertes aber ich war, war sicher von mich selbst. Wir wurden mit gutem Vermögen gesegnet und haben Überfluss der Arbeit, wir tatsächlich es gehabt machten. Als Zeit John und weitergegangen ist, den ich habe gelernt mehr und mehr und ich könnte erzählen, dass jener Vater stolz auf uns war, war es ein gutes Gefühl. Ich habe keine Kinder von meinem eigenen aber ich kann mich vorstellen, dass jener Vater eine tiefe Befriedigung gefühlt haben muss, die seine Söhne Teil von seinem Traum lebten.

Es war diesmal den ich wirklich habe kennengelernt meinen Vater und schätzt wirklich, während wer er war. John und ich wurden gesegnet, ihn mit uns zu haben, könnten wir es ohne ihn. hatte nicht gemacht.

Wir haben für ungefähr zwei zusammengearbeitet und Halbjahre, habe dann ich meinen Versuch und das das Ende gehabt war.

Am Ende Dana und ich wurde von 1. Gradmord verurteilt und ab 1997; wir dienen Lebenslänglichen Haftstrafen an den staatlichen Zuchthäusern in Kansas.

Erklären die ganzen Gründe für dieses Ergebnis und die Details zusammen mit würde erfordern, dass das Schreiben von einem anderen Buch und es nicht der Zweck von diesem einem ist. Es ist aber, notwendig kurz, von den persönlichen Kämpfen meiner Familie und Mühsale zu erzählen. Es ist notwendig, weil es keine Geschichte von Tragödie und Besiegung ist, aber ziemlich ein von Beharrlichkeit und Triumph.

Nachdem ich zu Gefängnis in 1997 gekommen

bin, habe ich wirklich gedacht, dass jenes Leben nicht wert Lebensunterhalt war. Ich war nicht selbstmörderisch aber ich habe mich nicht mehr gesorgt, wenn ich gelebt habe, oder bin gestorben. Leben, als ich habe gesehen, dass es über war, habe ich sogar für Tod die erste wenige Jahre gebetet, dass ich hier war, warum sollte ich Atmen weiter fortsetzen, wenn mein Leben nicht ausgemacht hat? Ich habe nicht gesehen, wie ich von irgendeiner Wichtigkeit zu irgendjemand mehr sein könnte, eingesperrt zu werden.

Meine Ehefrau, Jennifer, sie wurden zu einem einsamen Leben ebenso verurteilt. Sie von allem, das Leute nicht verdient haben, die Folgen die Entscheidungen von von jemandem anders zu leiden. Obwohl ich sie in Wörtern erzählen könnte, was sie zu mir bedeutet hat, nicht wären sie genügend genug, es ihr zu erklären.

Kapitel 16

Vaters ist gegangen

Im Dezember von 1997, hat Vater ein Schlag gelitten und wurde schwer verhindert. Er hat schließlich einige Sprachenfähigkeiten hinter wiedergewonnen und könnte herum in einem Rollstuhl ankommen aber er könnte nie wieder ohne Hilfe laufen. Er könnte reden aber ungefähr Hälfte, von was er gesagt hat, könnte nicht verstanden werden.

Er ist gekommen, mich das erstes Jahr zu besuchen, bis er seinen Schlag gehabt hat, nachdem dass er nicht konnte, und es hätte zu hart auf ihm, ihn vorzubringen. Ich würde Heim gelegentlich rufen und Rede zu ihm telefonisch; es war gut, mit ihm zu sprechen, sogar nur ein kleines. Wenn ich zum Ende vom Ruf und der Anfang kommen würde, sich zu verabschieden, würde er auf erwürgen und es war sehr hart für mich, meine Gelassenheit zu behalten. Das Ding, das mich erhalten hat, war, dass er mich ermutigen würde, könnte ich es nicht glauben.

Innerhalb ein paar Jahren, nachdem Vater seinen Schlag gehabt hat, habe ich Frieden mit seinem Tod gemacht, oder wenigstens ich habe gedacht, dass ich gehabt habe. Ich habe mich selbst zur Tatsache, die er nicht genau wie er war, war gewesen niedergelegt, und dass er herum viel länger nicht wäre. Gut hat er an Jahr für Jahr in jener Bedingung angeklammert, und zu der Zeit ich könnte nicht lösen, warum.

Ich werde nie den Tag vergessen, den ich eine Nachricht erhalten habe, meinen Ratgeber zu sehen, habe ich gekannt oder wenigstens ich habe ein starkes Gefühl gehabt, bezüglich was der dringenden Nachricht ungefähr war. Ich bin zum Büro des Ratgebers und sie hat informiert mich gegangen, dem mein Vater an weg und vorbeigegangen war, dass ich Heim rufen sollte. Ich habe Jennifer gerufen und sie hat selbstverständlich erzählt, dass mich und versucht hat, mich zu trösten.

Er wurde gelegt, in Roselawn Friedhof in Salina, Kansas zu ruhen. Ich hätte irgendein sagen darin lassen, wäre er in Chapman vergraben worden. Er wurde mit vollen militärischen Ehren vergraben, und ich denke, dass er stolz darauf gewesen wäre.

Obwohl ich gedacht habe, dass ich mich selbst für diesen schließlichen Moment vorbereitet habe, wurde etwas innerhalb mich gebrochen. Es war, wie Zeit aufgehalten hatte, und alles stand still. Ich habe auf meinem Vater tagelang versuchend nachgesonnen, zurück zu einer Art des Normalzustands zu werden. Es war Wochen, bevor ich hinter auf von jenem Schlag werden könnte, war es tief.

Wenn jemand von unseren Leben gegangen ist, bleibt dort immer die Fragen und das Bedauern, von was wir hätten sagen sollen oder hätte machen können, und hat nicht gemacht. Das gleiche kann für mich gesagt werden. Ich kann sagen, dass ich gefühlt habe, wie ich am meisten von Leben ohne irgendeinen Sinn von Zweck oder Richtung gelebt habe, die nicht wissen, was ich machen sollte, oder der ich sollte sein; das würde bald ändern...

Kapitel 17

Wo es alle angefangene

In den folgenden Monaten habe ich viel ungefähr Vater gedacht und, der er und welche Art der er vom Mann war. Er hat seine Fehler und Mängel gehabt, während jeder macht, gibt es kein Verweigern das. Ich denke, dass er sich selbst als jemand bedacht hätte, der nicht erreicht hat, was er dargelegt hat, in Leben zu machen, und vielleicht auf einer Höhe vielleicht sogar ein Ausfall. Er wäre falsch, war er kein Ausfall, weil er nie aufgegeben hat, und er hat nie aufgegeben. Das ist die letzte Lektion, die er mich gelehrt hat, habe das letzte Ding ich von ihm gelernt.

Um ein Jahr, vor mein Vater weg vorbeigegangen an ist, habe ich einen Freund genannten Scott getroffen. Als es sich herausgestellt hat, während in der Armee, Scott in Deutschland für ungefähr zehn Jahre stationiert worden war, und hat deutschen Brunnen gesprochen. Hatten im Verlauf Scott, er deutsche Wörter und Phrasen, die mich von Dingen Vater erinnert haben, gesagt lernend würde benutzen kennen.

Von jenem Zeitpunkt auf ich musste alles kennen, das ich könnte um meinen Vater; ob was er hat gelehrt und hat gesagt zu mir auf ihm ausgesagt wurde, als ein Individuum, oder wenn die Eigenschaften gemeinsam in unserer Familienkultur waren.

Im Schuljahr von 1986-87, habe ich ein Mädchen von Deutschland hat genannt Antje getroffen. Wir haben entlang wirklich gut erhalten und schließt ziemlich sind geworden, als das Jahr durch gegangen ist. Sie würde Deutsch zu mir sprechen und ich könnte sie ohne zu viel Schwierigkeit verstehen. Ich habe viel ungefähr es zu der Zeit nicht gedacht, aber ich habe nach Vater vorbeigegehet an weg gemacht.

Ich wollte alles verstehen, dass ich um ihn könnte, aber er war nicht um mehr, zu fragen. Ich habe Verständnis gedacht, dass ihn mir helfen würde, zu verstehen, wer ich und bin, der ich als eine Person sein will.

Monatelang habe ich Lernen bearbeitet, auf Deutsch so ich zu schreiben, könnte einige Briefe über Seen schreiben; hoffentlich ich könnte an den Dreilings da drüben schreiben und sie würden meine Fragen beantworten.

Im Dezember von 2005, habe ich Jennifer machen eine Suche für den ganzen Dreilings in Deutschland lassen; sie war erfolgreich und hat eine Liste von über 400 über das Land gefunden. Ich habe meinen Arbeitschnitt für mich gehabt, habe ich über 80 Briefe geschrieben die zuerst Monat. Ich kann mich nur vorstellen, dass meine Briefe sehr elementar zu den Eingeborenen geschienen haben müssen, als sie haben empfangen sie, nicht zu erwähnen sie von einem Gefangenen ebenso waren.

Einige haben nicht beantwortet aber das derjenig, die gemacht haben, waren begeistert und haben etwas überrascht zu lernen, dass es Dreilings in Amerika gab. Sie haben gehabt als viele Fragen als ich habe gemacht es hat geschienen.

Als ich mehr und mehr entsprochen habe, wollte ich herausfinden, wenn ich irgendeine Verwandten und gehabt habe, was sie waren, wie. Ich habe meinen Stammbaum für sie zu vergleichen und mehr oft geschickt als nicht, konnten sie nicht mir sehr wenig entscheidende Antworten geben. Viele Aufzeichnungen wurden während zerstört sowohl Weltkriege als auch in Zeichnungsfamiliengenealogie wurde von den Russen nach dem Zweiten Weltkrieg verboten.

Ich habe ein paar gefunden, obwohl und fremd genug, sie von Sibirien waren, und hatte nur nach Deutschland bewegt. Es ist logisch gewesen, obwohl; der Dreilings mehr kürzlich von Russland gekommen war. Sie waren die Großeltern von Nikita Dreiling sind gekommen vom gleichen Dorf beim Russland jenes Peters Dreiling hatte verlassen.

Ich habe gelernt, dass es Unterschiede mit einigen von den Leuten gab, die in den westlichen Teilen im Gegensatz zu den anderen gelebt haben, das im Osten gelebt hat. Leben ist noch hart für die, die vom eisernen Vorhang herausgekommen sind, gibt es größere Freiheit, sich verschiedene Dinge hinauszuwagen und zu versuchen. Unter dem alten sowjetischen System war Arbeit reichlich, ob es klein oder viel bezahlt hat. Dort existiert eine große Auswahl der Möglichkeiten mit der neuen Freiheit, aber mehr Ungewissheit, die mit jener Freiheit kommt.

Ich habe mich Ein Paar Leute, Anja und Werner Dreiling, kennengelernt; ich habe auch mit beiden corrisondiert. Diese Leute haben mich mit Rücksicht, achtlos behandelt, dass ich in Gefängnis bin. Sie versuchen oft, mich zu ermutigen, und immer wieder sagen; „weiter kämpfen"! Sie sind nicht ungleich uns Dreilings über hier in Amerika. Sie mögen die gleiche Musik, die gleichen Speisen, und mehr wichtig sie besitzen einen unverminderten Geist, durchzuhalten.

Ich habe versucht, Ihnen eine Geschichte von einen Leuten zu erzählen, die den ganzen Mühsalen gegenübergestanden haben, die jenes Leben an ihnen schleudern könnte, und sie haben überwunden. Es ist ihr unauslöschlicher Geist und Gemütsverfassung die sie haben beibehalten während der harten Zeiten, den ich finde, begeistert. Und obwohl ich meinen eigenen schwierigen Lagen, sie blass in Vergleich begegnet bin, zu was meine Vorfahren und sogar meine eigene Familie durch gegangen ist.

Nachdem Kennen was ich jetzt weiß, und das ist dies; dass es das „harte" ist, dass Sie groß macht, wenn Sie es durchkommen. Ich bin nach Hause eine bessere Person gegangen, wegen was meiner Familie und erreicht hat, was sie mir verlassen haben. Es ist eine unbestimmbare Substanz, die nicht gekauft werden kann. Ich bin stolz, sie meine Leute zu rufen, und meine Familie.

Ein Besonderes Wort des Danks:

Ich möchte persönlich, den Folgenden Leuten durch, dass nicht nur dieses Buch möglich gemacht hat, zu danken, aber habe geholfen, es zu begeistern.

Zuerst möchte ich meiner Ehefrau Jennifer danken, ist sie stärker als ich denke, dass sie oder irgendjemand sonst erkennt. Sie ist mitleidsvoll, sanft, und hat mich mehr als sie je wird wissen ermutigt.

Mein Bruder John, ich habe nie erzählt, wie viel das ich ihm aufwächst habe, der aber ich habe gemacht. Ich sehe vieles von meinem Vater in ihm.

Steve würde wahrscheinlich denken, dass sein Leben kleinen Unterschied zu mir gemacht hat, aber er wäre falsch.

Meine Schwester Cheryl hat oft zugeschaut nachdem mich, als ich jung war; sie hat eine furchtbare Menge für mich gemacht. Von meinen vier Schwestern ist sie ähnlich mein Vater das meiste.

Meine Tanten und Onkel auf der Seite von meinem Vater sind immer gut gewesen zu mir und haben mich als ihres eigenes behandelt. Ich habe sie ebenso oft über dem vergangenen Jahrzehnt nicht gesehen als ich hätte gemocht aber ich bewundere sie nur das gleiche.

Ich habe immer vieles vom Bruder von meinem Vater, Marvin gedacht; ich rufe Verbringen viele Heiligabende an seinem Haus und jedem zurück, die um das Klavier sammeln, Lieder zu singen. Charlene hat das Klavier gespielt und hat entlang gesungen, und während die anderen tanzen würde. Ich erinnere mich an Polkas und deutsche Lieder gesungen zu werden, sind die große Erinnerungen für mich.

Meine Tante Patsy war immer lustig und hat mich behalten, die ganze Zeit zu lachen.

Mein Tante Mary Jean hat in Texas gelebt aber sie würde die Reise bis nach Kansas während der Feiertage machen. Sie würde immer mir etwas kaufen, ob ich habe gebeten darum oder nicht, es war ihr Weg und das das war. Ich denke nicht, dass es gibt nicht irgendetwas sie für mich nicht machen würde, wenn ich sie gefragt habe. Das ist Mary Jean, stark und unabhängig aber mitleidsvoll.

Lorraine ist immer sehr gütig zu mir gewesen, und obwohl ich sie in Jahren nicht gesehen habe, weiß ich, dass sie handeln würde, als wenn sie nur mich gestern gesehen hat.

Ich habe viel Zeit am Haus Meines Tante Charlene aufwachsend verbracht. Ich erinnere mich ans Nehmen von einer Reise durch den Garten von George, hat er einen riesigen einen jeden Sommer gehabt. Sie hat mich im Verlauf der Jahre ermutigt, genauso wie meine anderen Verwandten haben, mehr als sie dürfte erkennen. Ich bin dankbar hätte zu ihr für Helfen mich mit diesem Buch; ich keine sehr gute Aufgabe ohne ihre Hilfe machen können.

Meine Großmutter, Marcella Dreiling; was ich könnte, sage um sie, was sie zu beschreiben, hat zu die ganzen Leben bedeutet, dass sie in den 96 Jahren sie berührt hat, hat gelebt. Ich kann an niemanden denken, der Kraft des Charakters mehr als sie verköpert. Ihr Glaube ist unerschütterlich und ein Licht zu jedem um sie. Ich werde demütigt, wenn ich an ihr Leben und denke, was sie durch gewesen ist. Ich bin so glücklich, sie in meinem Leben für so lang gehabt zu haben, und ich bin sehr dankbar.

Ich wünsche, allen von diesen Leuten zu danken, die sehr lieb zu mir sind. Ich hoffe, dass in irgendwie diesem Buch zu ihnen überbringen kann, was sie zu mir bedeutet haben.

Römer 5:3-5 (Neue Internationale Version)

„...aber wir freuen uns auch über unseres leidet, weil wir wissen, dass das Bodenproduktbeharrlichkeit leidend; Beharrlichkeit, Charakter; und Charakter, Hoffnung. Und Hoffnung enttäuscht uns nicht..."

Autors Anmerkung: Ab diese zweite Druckausgabe habe ich sowohl meine Mutter Shirley als meine Tante Patsy verloren. Sie werden verpasst werden.

CPSIA information can be obtained at www.ICGtesting.com
Printed in the USA
LVOW13s2159220813

349258LV00001B/61/P